Hackfleisch

AUTOR: MARCO SEIFRIED | FOTOS: WOLFGANG SCHARDT

Praxistipps

Extra

Rezepte

Gut zu wissen: Hackfleisch-Basics

Ob roh oder gebraten – die Verwandlungsmöglichkeiten von Hackfleisch sind nahezu grenzenlos. Mit einigen nützlichen Tipps wird der Genuss immer wieder ein Vergnügen.

Es gab Zeiten, da wurde Hackfleisch mit einem Messer per Hand zerkleinert – heute erledigt das der Fleischwolf. Im Prinzip lässt sich jedes Fleisch damit zu Hack verarbeiten. Wer einen Fleischwolf besitzt, kann alle Sorten eigenhändig durchdrehen. Weniger aufwendig ist der Gang zum Metzger oder in den Lebensmittelhandel. Die Hauptsache ist: Rohes Hack muss frisch sein!

Rosige Aussichten

Vom Metzger wird Hack täglich frisch zubereitet. Dort ist es beliebig portionierbar. Das Standardangebot besteht aus Rinderhack, Schweinehack, gemischtem Hackfleisch, Mett und Tatar. Supermärkte bieten meist die tagesfrisch abgepackte Variante in der Kunststoffschale an, die mit Folie umhüllt ist. Schaut man in die Tiefkühltruhen, liegt dort oft eingefrorenes Lammhackfleisch griffbereit. In den Kühltheken findet man teilweise ein unter Schutzatmosphäre verpacktes sogenanntes EU-Hack. Das ist in den Spezialpackungen mehrere Tage haltbar. Auch Geflügel- und Kalbshackfleisch wird in dieser Form verkauft.

Frische verrät in allen Fällen ein prüfender Blick durch die Folie: Sieht das Hack rosig aus, ist es genießbar. Finger weg von gräulichem Fleisch und beschädigten Verpackungen!

Vorerst kalt gestellt

Durch die starke Zerkleinerung ist die Oberfläche des Fleischs vergrößert, das bietet Keimen eine ideale Angriffsfläche. Niedrige Temperaturen hemmen deren Ausbreitung. Am besten gehen Sie daher gleich mit einer Kühltasche zum Einkaufen. Im Kühlschrank lagert das Fleisch in der kältesten Zone am sichersten, das ist auf der untersten Glasablage. Es sollte möglichst am Kauftag verarbeitet werden. Falls das nicht möglich ist, lässt sich die frische Ware prima einfrieren.

Wichtig: Lose verpacktes Hack zu Hause sofort auswickeln und in einen verschließbaren Behälter umfüllen. Für Grillgerichte vorbereitetes Hack sollten Sie ebenso kühlen, bevor es auf dem Grill brutzelt.

Hackfleisch im Einsatz

Mett und Tatar (Beefsteakhack) können ohne Bedenken roh verzehrt werden, vorausgesetzt sie sind frisch. Alle anderen Sorten sollten Sie unbedingt durchgaren. Wird Hack krümelig gebraten, nicht gleich alles in die Pfanne geben. Das Fleisch zieht sonst Flüssigkeit und bräunt nicht.

Hackteig für Frikadellen oder Braten ist mit den Händen oder den Knethaken eines Handrührgeräts rasch durchgeknetet. Wenn alle Zutaten gut vermischt sind, fällt beim Braten nichts auseinander. 1 Ei auf ca. 500 g Hackfleisch sorgt für eine perfekte Bindung. Taucht man die Hände zwischendurch in kaltes Wasser, lassen sich Frikadellen & Co. besser formen. Dann bleibt nichts an den Fingern kleben und die Klöße werden glatter. Hände und benutzte Küchenutensilien anschließend zügig waschen, dann haben Keime keine Chance und Hackreste können gar nicht erst antrocknen.

Die beliebtesten Sorten auf einen Blick

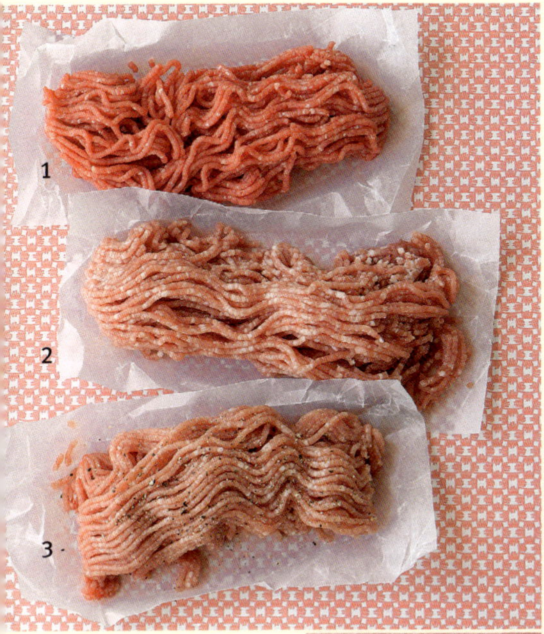

Rinderhack (1) wird aus sehnenarmem Rindfleisch hergestellt. Es enthält max. 20 % Fett und schmeckt etwas kräftiger. Schweinehack (2) ist mit max. 35 % Fett die fettreichste Sorte und deshalb gebraten besonders saftig. Gemischtes Hack (3) besteht aus Schweine- und Rindfleisch mit höchstens 30 % Fett und heißt auch Hack »halb und halb«. Als Mett, Hackepeter oder Thüringer Mett ist vorgewürztes Schweinehack erhältlich, das auch gerne roh als Brotbelag verzehrt wird. Tatar, Beefsteakhack oder Schabefleisch ist rohes Hack aus fettarmem Rindfleisch (max. 6 % Fett).

Hackfleisch ist schnell selbst gemacht: Das gelingt am besten mit einem Fleischwolf oder mit einem sehr scharfen Küchenmesser. Ideal für Sorten wie Lamm, Kalb oder Geflügel, die nicht zum Standardangebot gehören. Vorsicht beim Blitzhacker: Das Fleisch wird rasch zu fein und die Masse erwärmt sich schnell.

Geflügelhackfleisch (1) besteht aus fettarmem Hähnchen- oder Putenfleisch. Im Handel ist es abgepackt und meist schon vorgewürzt erhältlich. Kalbshackfleisch (2) gilt als besonders zart im Geschmack und ist mit ca. 10 % Fett relativ mager. Lammhackfleisch (3) schmeckt kräftig und passt gut zu Knoblauch. Türkische Lebensmittelhändler bieten es oft frisch an oder Sie greifen zur tiefgefrorenen Variante aus dem Supermarkt.

Hackteig – so geht's

Dieses Grundrezept ist nicht nur für Frikadellen ein Hit! Mit neuen Ideen zum Auflockern und Würzen schmeckt es immer wieder anders.

1

2

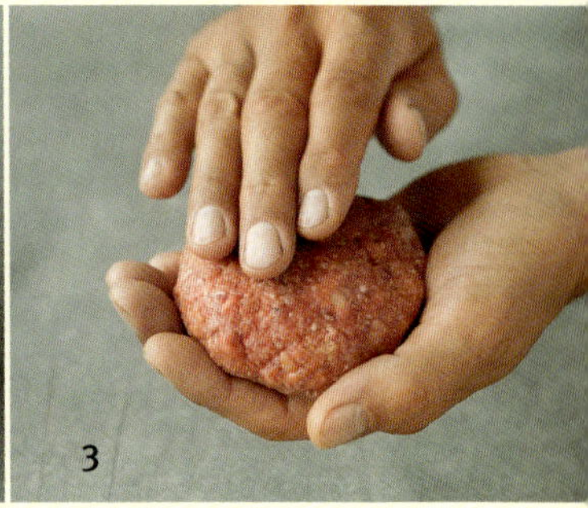
3

1 Brötchen (vom Vortag)
1 Zwiebel
1 TL Butter
400 g gemischtes Hackfleisch
1 Ei
1 TL Tomatenmark
1 TL mittelscharfer Senf
1 TL edelsüßes Paprikapulver
Salz | Pfeffer
2–3 EL Öl oder Butterschmalz

Für 4 Personen
25 Min. Zubereitung | 15 Min. Garen
Pro Portion ca. 380 kcal, 25 g EW, 30 g F, 5 g KH

1 Brötchen in Scheiben schneiden und in kaltem Wasser einweichen (Bild 1). Zwiebel schälen und fein würfeln. Butter in einer Pfanne erhitzen. Zwiebel darin bei mittlerer Hitze glasig dünsten, herausnehmen und kurz abkühlen lassen.

2 Brötchen sehr gut ausdrücken. Mit Hack, Zwiebel, Ei, Tomatenmark, Senf, Paprika, Salz und Pfeffer verkneten (Bild 2). Hack mit angefeuchteten Händen zu 4 oder 8 Frikadellen formen (Bild 3). Öl in einer großen beschichteten Pfanne erhitzen. Frikadellen darin unter Wenden 10–15 Min. braten.

VARIANTEN

Für einen lockeren Teig:
2–3 eingeweichte und ausgedrückte Toastbrotscheiben (ohne Rinde), 1 große gekochte, gepellte und zerdrückte Kartoffel, 2 EL gekochter Reis, 2 EL Quark, 2 EL eingeweichte Haferflocken oder 3 EL Semmelbrösel anstelle des eingeweichten Brötchens unterkneten.
Für eine würzige Note:
Mit Ketchup, Ajvar, Paprikamark, Sahnemeerrettich, Wasabi-Paste, Sojasauce, Ingwer, Knoblauch, Zimt, Kreuzkümmel, Currypulver, Chili, Petersilie, Oregano, Majoran, Thymian oder Basilikum können Sie den Hackteig nach Belieben abwandeln.

Frikadellen 3-mal anders gefüllt

Überraschung auf den ersten Biss: Im kross gebratenen Hackteig (Grundrezept) versteckt sich jedes Mal eine andere raffinierte Füllung – ein Gruß aus Europas Küchen.

Hirten-Bifteki (4 Personen)

50 g Schafskäse (Feta) in Würfel schneiden. 1 Stück Zucchino (20 g) waschen, grob raspeln und mit Küchenpapier trocken tupfen. 3 schwarze Oliven (ohne Stein) in Ringe schneiden. Käsewürfel, Zucchiniraspel und Oliven mit 1 TL getrocknetem Oregano mischen. Den Hackteig (Grundrezept) in 4 Portionen teilen und jeweils zu flachen Fladen kneten. Jeweils ¼ der Käse-Zucchini-Füllung in die Mitte geben und den Hackteig außenherum zu Frikadellen formen. Die Frikadellen in einer Pfanne in heißem Öl bei mittlerer Hitze unter Wenden 10–15 Min. braten.

Bauern-Polpette (4 Personen)

1 EL Pinienkerne in einer Pfanne ohne Fett rösten, abkühlen lassen und hacken. 10 g getrocknete, in Öl eingelegte Tomaten abtropfen lassen und in Würfel schneiden. 50 g Mozzarella würfeln. Alle Zutaten mit 1 TL Gourmetkapern und 1 TL gehacktem Basilikum mischen. Den Hackteig (Grundrezept) in 4 Portionen teilen und jeweils zu flachen Fladen kneten. Jeweils ¼ der Tomaten-Mozzarella-Füllung in die Mitte geben und den Hackteig außenherum zu Frikadellen formen. Die Frikadellen in einer Pfanne in heißem Öl bei mittlerer Hitze unter Wenden 10–15 Min. braten.

Hütten-Tätschli (4 Personen)

25 g Gewürzgurke in kleine Würfel schneiden. 50 g entrindeten Raclettekäse würfeln. Beides mit 1 EL Röstzwiebeln (Fertigprodukt) und 1 TL gehackter Petersilie mischen. Den Hackteig (Grundrezept) in 4 Portionen teilen und jeweils zu flachen Fladen kneten. Jeweils ¼ der Gurken-Raclettekäse-Füllung in die Mitte geben und den Hackteig außenherum zu Frikadellen formen. Die Frikadellen in einer Pfanne in heißem Öl bei mittlerer Hitze unter Wenden 10–15 Min. braten.

Aus dem Topf

Was hier auf dem Teller landet, sind nicht nur Klassiker wie Königsberger Klopse oder Spaghetti alla bolognese. Hackfleisch spielt auch in einer orientalisch angehauchten Kürbissuppe oder einem Thai-Curry die Hauptrolle. Und wenn Sie Ihre Gäste satt und glücklich machen möchten, ist ein feuriges Chili garantiert das Richtige.

Chili con Carne

1 große Zwiebel
2 Knoblauchzehen
500 g Rinderhackfleisch
2 EL Öl
4 EL Tomatenmark
1 große Dose geschälte Tomaten (850 ml)
$\frac{1}{4}$ l Gemüsebrühe
Salz
1 TL Sambal oelek (indon. Chilipaste)
1 TL gemahlener Kreuzkümmel
3 TL getrockneter Oregano
je 1 rote und grüne Paprikaschote
1 Dose Kidneybohnen (425 ml)
1 Dose Gemüsemais (425 ml)
1 TL Zucker
4 EL Schmand

Für 4 Personen | 30 Min. Zubereitung
Pro Portion ca. 675 kcal, 45 g EW, 30 g F, 50 g KH

1 Zwiebel und Knoblauch schälen und fein würfeln. Hack in Öl bei starker Hitze krümelig anbraten. Zwiebel und Knoblauch dazugeben und kurz mitbraten. Tomatenmark unterrühren und anschwitzen. Tomaten samt Saft und Brühe zugießen, dabei die Tomaten etwas zerdrücken. Mit Salz, Sambal oelek, Kreuzkümmel und Oregano würzen. Zugedeckt ca. 15 Min. köcheln lassen.

2 Inzwischen Paprikaschoten halbieren, weiße Trennwände und Kerne entfernen, die Hälften waschen und in $\frac{1}{2}$–1 cm große Stücke schneiden. Kidneybohnen und Mais in einem Sieb kalt abbrausen und abtropfen lassen.

3 Paprikastücke nach ca. 10 Min. zum Chili geben. Kidneybohnen und Mais zum Schluss hinzufügen, alles einmal aufkochen, dabei ab und zu umrühren. Mit Salz und Zucker abschmecken und mit je 1 EL Schmand servieren. Dazu passt Baguette.

cremig fein

Kürbis-Süßkartoffel-Suppe

1 Hokkaido-Kürbis (ca. 1 kg)
400 g Süßkartoffeln
1 Zwiebel | 2 Knoblauchzehen
3 Stiele Petersilie | 3 EL Öl
1 l Gemüsebrühe | Salz
1 ½ TL Currypulver
300 g Lamm- oder Rinderhackfleisch
200 g Schmand
3 TL Harissa (oriental. Chilipaste)
3 EL Kürbiskerne

Für 4 Personen | 45 Min. Zubereitung
Pro Portion ca. 555 kcal, 20 g EW, 35 g F, 30 g KH

1 Kürbis waschen, putzen, entkernen und klein schneiden. Süßkartoffeln schälen, in Stücke schneiden. Zwiebel schälen, grob würfeln. Knoblauch schälen, 1 Zehe in Scheiben schneiden. Petersilie waschen, trocken schütteln, Blätter fein hacken.

2 Kürbis, Süßkartoffeln, Zwiebel und Knoblauchscheiben in 1 EL Öl bei starker Hitze andünsten, Brühe zugießen. Mit Salz und 1 TL Curry würzen und zugedeckt bei mittlerer Hitze ca. 20 Min. kochen.

3 Inzwischen 1 Knoblauchzehe zum Hack pressen. Mit Petersilie, 1 EL Schmand, 1 TL Harissa, ½ TL Curry und Salz verkneten. Hack zu ca. 16 Klößchen formen. Kürbiskerne in einer Pfanne ohne Fett rösten, herausnehmen. 2 EL Öl in der Pfanne erhitzen und die Klößchen darin bei starker Hitze rundherum ca. 10 Min. braten. Suppe vom Herd nehmen und fein pürieren. Übrigen Schmand und 2 TL Harissa unterrühren und die Suppe abschmecken. Mit Hackklößchen und Kürbiskernen anrichten.

mit zartem Schmelz

Käse-Lauch-Suppe

2–3 Stangen Lauch (ca. 500 g)
250 g Champignons
1 Zwiebel
2 EL Butter
300 g Mett
¾ l Gemüsebrühe
⅛ l trockener Weißwein (oder Gemüsebrühe)
Salz | Pfeffer
frisch geriebene Muskatnuss
150 g Sahne
2–3 EL Mehl
200 g Sahne-Schmelzkäse

Für 4 Personen | 35 Min. Zubereitung
Pro Portion ca. 510 kcal, 25 g EW, 35 g F, 10 g KH

1 Den Lauch putzen, längs aufschneiden, gründlich waschen und in Streifen schneiden. Die Pilze putzen, bei Bedarf mit einem Tuch abreiben und in Scheiben schneiden. Die Zwiebel schälen und in feine Würfel schneiden.

2 Die Butter in einem Topf erhitzen und das Mett darin bei mittlerer Hitze krümelig anbraten. Den Lauch, die Pilze und die Zwiebel dazugeben und alles ca. 5 Min. andünsten. Die Brühe und den Wein zugießen und die Suppe ca. 5 Min. kochen. Mit Salz, Pfeffer und Muskat würzen.

3 Die Sahne und das Mehl verrühren, in die Suppe rühren und ca. 5 Min. kochen. Den Schmelzkäse in Stücke schneiden und in der Suppe unter Rühren auflösen, dabei den Topf vom Herd nehmen. Die Suppe vor dem Servieren nochmals abschmecken.

oben: Kürbis-Süßkartoffel-Suppe | unten: Käse-Lauch-Suppe

für Nostalgiker

Königsberger Klopse

Das ursprünglich ostpreußische Gericht hat einen festen Platz unter unseren Lieblingsrezepten. Kapern geben der Sauce ihren typischen Geschmack.

1 Brötchen (vom Vortag)
1/8 l warme Milch
2 Zwiebeln | 75 g Butter
3 Sardellenfilets (in Salz)
500 g Kalbshackfleisch
2 TL mittelscharfer Senf
1/2 TL abgeriebene Schale von 1 Bio-Zitrone
1 Ei | Salz | Pfeffer
1,5 l Gemüsebrühe
1 Lorbeerblatt
60 g Mehl | 1 Prise Zucker
frisch geriebene Muskatnuss
3 EL kleine Kapern
3–4 TL frisch gepresster Zitronensaft
100 g Sahne | 1 Eigelb

Für 4 Personen
45 Min. Zubereitung | 20 Min. Garen
Pro Portion ca. 510 kcal, 35 g EW, 30 g F, 20 g KH

1 Das Brötchen in Scheiben schneiden und in der Milch ca. 15 Min. einweichen. Inzwischen 1 Zwiebel schälen und in feine Würfel schneiden. 1 EL Butter in einer Pfanne erhitzen und die Zwiebel darin bei mittlerer Hitze glasig andünsten, herausnehmen und etwas abkühlen lassen. Die Sardellen waschen, trocken tupfen und sehr fein hacken.

2 Das Hackfleisch, die ausgedrückten Brötchenscheiben, 1 TL Senf, Zitronenschale, Zwiebel, Sardellen und Ei verkneten. Mit Salz und Pfeffer würzen. Aus der Masse mit angefeuchteten Händen 12 Klöße formen. Die Hände dabei öfter in Wasser tauchen, damit sich das Hack besser rollen lässt und nicht an den Händen kleben bleibt.

3 Die Brühe in einem breiten Topf aufkochen und evtl. mit Salz nachwürzen. Die übrige Zwiebel quer halbieren und mit dem Lorbeer hinzufügen. Die Klöße in der Brühe bei schwacher Hitze offen in ca. 20 Min. gar ziehen lassen. Dann die Klöße mit einer Schaumkelle herausheben und abtropfen lassen. Die Brühe durch ein feines Sieb gießen und davon für die Sauce 3/4 l abmessen.

4 In einem Topf die restliche Butter erhitzen. Das Mehl darin unter Rühren bei mittlerer Hitze hellgelb anschwitzen. Die abgemessene Brühe dazugießen und dabei ständig weiterrühren, damit sich keine Klümpchen bilden. Mit Salz, Pfeffer, Zucker und Muskat würzen und die Sauce offen ca. 5 Min. köcheln lassen. Kapern, übrigen Senf, Zitronensaft und 50 g Sahne unterrühren. Die Sauce abschmecken.

5 Die restliche Sahne und das Eigelb verquirlen und langsam in die Sauce rühren. Die Klöße zum Servieren in der Sauce bei schwacher Hitze ca. 5 Min. erwärmen, aber nicht mehr kochen lassen – sonst gerinnt das Eigelb.

UND DAZU?

Servieren Sie eingelegte Rote Bete aus dem Glas und Petersilienkartoffeln.

gelingt leicht

Ricotta-Spinat-Nudeln

400 g TK-Blattspinat
100 g getrocknete, in Öl eingelegte Tomaten
2 Knoblauchzehen
6 Stiele Basilikum
400 g Penne rigate | Salz
300 g Schweinehackfleisch | Pfeffer
1 EL Olivenöl | 200 g Sahne
1 TL gekörnte Gemüsebrühe
frisch geriebene Muskatnuss
250 g Ricotta

Für 4 Personen | 35 Min. Zubereitung
Pro Portion ca. 975 kcal, 35 g EW, 55 g F, 80 g KH

1 Den Spinat mit ca. 8 EL Wasser zugedeckt bei mittlerer Hitze dünsten, bis er aufgetaut ist, dabei öfter umrühren. Abtropfen lassen und grob hacken. Inzwischen die Tomaten abtropfen lassen und in dünne Streifen schneiden. Knoblauch schälen und durchpressen. Basilikum waschen, trocken schütteln und die Hälfte der Blätter fein hacken.

2 Die Nudeln nach Packungsanweisung in Salzwasser bissfest garen. Inzwischen das Hack mit dem gehackten Basilikum und der Hälfte des Knoblauchs verkneten, mit Salz und Pfeffer würzen.

3 Das Öl in einem Topf erhitzen, die Hackmasse darin bei starker Hitze grob krümelig anbraten. Tomaten und restlichen Knoblauch kurz mitbraten. Spinat, Sahne und Brühe dazugeben und aufkochen. Mit Salz, Pfeffer und Muskat würzen. Die Nudeln in einem Sieb abtropfen lassen. Ricotta unter die Sauce rühren, mit den Nudeln mischen und abschmecken. Mit Basilikumblättern garnieren.

beliebter Klassiker

Spaghetti alla bolognese

1 Knoblauchzehe | 1 große Zwiebel
1 kleines Bund Suppengrün
100 g Frühstücksspeck (Bacon)
2 EL Olivenöl | 250 g Rinderhackfleisch
3 EL Tomatenmark
1 große Dose geschälte Tomaten (850 ml)
1/8 l Rotwein (oder Gemüsebrühe)
1–2 EL getrocknete italienische Kräuter
Salz | Pfeffer | frisch geriebene Muskatnuss
400 g Spaghetti
40 g frisch gehobelter Parmesan

Für 4 Personen | 1 Std. Zubereitung
Pro Portion ca. 790 kcal, 40 g EW, 30 g F, 85 g KH

1 Knoblauch und Zwiebel schälen und fein würfeln. Suppengrün putzen, schälen bzw. waschen und fein würfeln. Speck in feine Würfel schneiden.

2 Öl in einem Topf erhitzen, den Speck darin bei starker Hitze anbraten. Hack dazugeben und unter Rühren krümelig anbraten. Knoblauch, Zwiebel und Suppengrün hinzufügen, ca. 5 Min. andünsten.

3 Tomatenmark einrühren. Tomaten samt Saft und Wein oder Brühe zugießen, dabei die Tomaten zerdrücken. Kräuter und Gewürze unterrühren. Die Sauce offen ca. 45 Min. köcheln lassen, dabei öfter umrühren. Evtl. etwas Wasser nachgießen.

4 Rechtzeitig vor Ende der Garzeit die Nudeln nach Packungsanweisung in Salzwasser bissfest garen und in einem Sieb abtropfen lassen. Die Sauce abschmecken und mit den Nudeln anrichten. Mit Käse bestreut servieren.

links: Ricotta-Spinat-Nudeln | rechts: Spaghetti alla bolognese

deftiger Sattmacher

Gurken-Hack-Ragout

500 g Champignons
150 g Gewürzgurken
4 Schalotten
6 Scheiben Frühstücksspeck (Bacon)
300 g Beefsteakhack
3 TL mittelscharfer Senf
Salz | Pfeffer
3 EL Öl | 400 ml Gemüsebrühe
200 g saure Sahne
4 TL Speisestärke | 1 TL Zucker
3 TL frisch gepresster Zitronensaft

Für 4 Personen | 35 Min. Zubereitung
Pro Portion ca. 355 kcal, 25 g EW, 25 g F, 10 g KH

1 Pilze putzen, bei Bedarf mit einem Tuch abreiben und evtl. halbieren oder vierteln. Gurken in Scheiben schneiden. Schalotten schälen und in feine Streifen schneiden. Speck ebenfalls in Streifen schneiden. Hack, 1 TL Senf, Salz und Pfeffer verkneten.

2 In einem Topf 1 EL Öl erhitzen, Speck darin bei starker Hitze knusprig braten und herausnehmen. Hack im Bratfett grob krümelig braten, herausnehmen. 2 EL Öl im Bratfett erhitzen, Schalotten und Pilze darin bei starker Hitze unter Rühren anbraten. Gurken dazugeben. Brühe einrühren, alles aufkochen und bei mittlerer Hitze zugedeckt ca. 5 Min. kochen. Mit Salz und Pfeffer würzen.

3 Saure Sahne, Stärke und 2 TL Senf verrühren, einrühren und ca. 3 Min. köcheln lassen. Hack und Speck unter das Ragout heben und erhitzen. Mit Salz, Pfeffer, Zucker und Zitronensaft abschmecken. Dazu schmecken Petersilienkartoffeln.

exotisch | für Gäste

Thai-Curry

200 g Auberginen
Salz | 250 g gelbe Paprikaschoten
250 g Zuckerschoten
1 Bund Frühlingszwiebeln
200 g Kirschtomaten | 1 Knoblauchzehe
400 g Geflügel- oder Schweinehackfleisch
4 EL Sojasauce | 3 EL Öl
20 g frischer Ingwer
1 Dose Kokosmilch (400 ml)
200 ml Gemüsebrühe | Cayennepfeffer
2 EL gehackter Koriander

Für 4 Personen | 45 Min. Zubereitung
Pro Portion ca. 435 kcal, 25 g EW, 30 g F, 15 g KH

1 Auberginen putzen, waschen, in Scheiben schneiden, salzen. Paprika putzen, waschen und in Streifen schneiden. Zuckerschoten putzen und waschen. Frühlingszwiebeln putzen, waschen und klein schneiden. Kirschtomaten waschen und halbieren. Knoblauch schälen und durchpressen.

2 Hack, 2 EL Sojasauce, Knoblauch und Salz verkneten. Hack in 1 EL Öl bei starker Hitze grob krümelig anbraten, herausnehmen. Auberginen trocken tupfen und vierteln. In 2 EL Öl unter Wenden bei mittlerer Hitze ca. 8 Min. braten. Paprika und Zuckerschoten hinzufügen, ca. 2 Min. mitbraten.

3 Ingwer schälen und hacken. Mit Kokosmilch, 2 EL Sojasauce und Brühe zum Gemüse geben, mit Cayenne würzen und zugedeckt ca. 10 Min. köcheln. Hack, Tomaten und Frühlingszwiebeln ca. 2 Min. mitkochen. Koriander dazugeben und das Curry abschmecken. Dazu passt Basmatireis.

oben: Gurken-Hack-Ragout | unten: Thai-Curry

deftige Hausmannskost

Kohlrouladen nach Großmutters Art

Dieser Klassiker erinnert mich an meine Kindheit, Kohlrouladen gab es oft bei meinen Großeltern. Besonders lecker schmecken sie noch einmal aufgewärmt.

1 Brötchen (vom Vortag) | Salz
1 Weißkohl (ca. 1,5 kg)
2 Zwiebeln
400 g gemischtes Hackfleisch
1 Ei | 1–2 TL mittelscharfer Senf
½ TL edelsüßes Paprikapulver | Pfeffer
50 g durchwachsener Räucherspeck
1 Möhre | 2 EL Öl
½ l Gemüsebrühe
½ TL ganzer Kümmel
2 TL Speisestärke
Küchengarn

Für 4 Personen
45 Min. Zubereitung | 1 Std. Schmoren
Pro Portion ca. 530 kcal, 30 g EW, 35 g F, 20 g KH

1 Das Brötchen in Scheiben schneiden und in Wasser einweichen. In einem großen Topf reichlich Salzwasser aufkochen. Den Kohl putzen, waschen und den Strunk keilförmig herausschneiden. Den Kohl im kochenden Salzwasser ca. 5 Min. garen. Herausnehmen, 4 Blätter ablösen und kalt abschrecken. Den restlichen Kohl wieder in das Salzwasser legen. Wie oben beschrieben fortfahren und auf diese Weise insgesamt 12 Blätter ablösen. Dicke Blattrippen flach schneiden (Bild 1).

2 1 Zwiebel schälen und fein würfeln. Das Brötchen ausdrücken, mit Hackfleisch, Zwiebel, Ei, Senf und Paprika verkneten. Mit Salz und Pfeffer würzen. Je 3 Kohlblätter überlappend aufeinanderlegen. Die Hackmasse vierteln und auf die Kohlblätter verteilen. Die Blätter seitlich über die Füllung einschlagen (Bild 2), vom unteren Blattrand her aufrollen und mit Küchengarn festbinden.

3 Den Speck würfeln. Die übrige Zwiebel schälen und in Spalten schneiden. Die Möhre schälen und klein schneiden. Das Öl in einem Schmortopf erhitzen und die Kohlrouladen darin bei starker Hitze rundherum anbraten. Speck, Zwiebel und Möhre kurz mitbraten. Die Brühe mit dem Kümmel hinzufügen und die Rouladen zugedeckt bei mittlerer Hitze ca. 1 Std. schmoren, dabei nach der Hälfte der Schmorzeit wenden.

4 Die Stärke mit 3 EL kaltem Wasser verrühren. Die Rouladen aus dem Topf nehmen und warm stellen. Den Schmorfond nach Belieben durch ein Sieb gießen und aufkochen. Angerührte Stärke einrühren und die Sauce aufkochen. Mit Salz und Pfeffer abschmecken. Die Kohlrouladen mit der Sauce anrichten, dazu nach Belieben Kartoffelbrei servieren (Bild 3).

RESTE-TIPP

Der übrige Weißkohl schmeckt geschmort als Beilage zu den Rouladen. Einfach die Kohlreste in Stücke schneiden und mit 1 gewürfelten Zwiebel in 2 EL heißem Öl andünsten. Etwas Gemüsebrühe zugießen und mit Salz und Pfeffer würzen. Den Kohl zugedeckt in ca. 30 Min. weich schmoren.

1

2

3

Aus der Pfanne

In der Pfanne kann Gehacktes immer wieder neu kombiniert werden, knackiges Gemüse sorgt dabei für Vitamine und Abwechslung. Und wenn es einmal schnell gehen soll, stehen die meisten Pfannengerichte im Handumdrehen auf dem Tisch. Im Mai freue ich mich über den milden Wirsing, der für die Mett-Wirsing-Pfanne besonders köstlich ist.

Mett-Wirsing-Pfanne

750 g festkochende Kartoffeln
600 g Wirsing | 2 Möhren | 2 Zwiebeln
25 g Salzstangen | 350 g Mett
1–2 TL Wasabi-Paste (aus der Tube)
5 EL Öl | 150 ml Gemüsebrühe
200 g Sahne | Salz | Pfeffer
frisch geriebene Muskatnuss
1 TL Mehl
3 EL Schnittlauchröllchen

Für 4 Personen | 50–55 Min. Zubereitung
Pro Portion ca. 675 kcal, 25 g EW, 45 g F, 40 g KH

1 Die Kartoffeln waschen und in Wasser ca. 20 Min. garen. Kalt abschrecken, pellen und abkühlen lassen. Inzwischen den Wirsing putzen und waschen, Strunk und dicke Blattrippen entfernen, Blätter in feine Streifen schneiden. Die Möhren schälen und in feine Scheiben schneiden. Die Zwiebeln schälen und fein würfeln. Salzstangen zerbröseln und mit Mett, der Hälfte der Zwiebeln und Wasabi verkneten.

2 In einer großen beschichteten Pfanne 1 EL Öl erhitzen. Mett darin bei starker Hitze grob krümelig braten, herausnehmen. 1 EL Öl im Bratfett erhitzen, Möhren und übrige Zwiebeln darin bei kleiner Hitze andünsten. Wirsing dazugeben und kurz andünsten. Brühe und 150 g Sahne zugießen. Mit Salz, Pfeffer und Muskat würzen, ca. 10 Min. offen köcheln. Mett darin erhitzen. Übrige Sahne mit Mehl verrühren und unter den Wirsing rühren. Ca. 5 Min. köcheln lassen. Evtl. Brühe nachgießen, abschmecken.

3 Inzwischen die Kartoffeln längs vierteln. Das restliche Öl in einer Pfanne erhitzen und die Kartoffeln darin rundherum bei mittlerer Hitze 10–15 Min. braten. Mit Salz und Pfeffer würzen. Die Mett-Wirsing-Pfanne und die Kartoffeln mit den Schnittlauchröllchen bestreut servieren.

rustikal | preiswert

Sauerkraut-Hack-Gulasch mit Schupfnudeln

Sauerkraut und Schupfnudeln sind wie füreinander geschaffen. Raffiniert verfeinertes Hackfleisch gibt dieser Traumkombination die würzige Note.

500 g mehligkochende Kartoffeln
2 Zwiebeln | 75 g Kabanossi
250 g gemischtes Hackfleisch
2 EL Öl
Salz | Pfeffer
edelsüßes Paprikapulver
500 g Sauerkraut (vakuumverpackt)
100 ml Weißwein (oder Apfelsaft)
300 ml Apfelsaft
2 EL Zucker | 200 g Mehl
70 g Butter | 1 Ei
frisch geriebene Muskatnuss
1 Bund Schnittlauch
4 EL saure Sahne
Mehl für die Arbeitsfläche

Für 4 Personen | ⏱ 1 Std. 10 Min. Zubereitung
Pro Portion ca. 810 kcal, 30 g EW, 45 g F, 70 g KH

1 Die Kartoffeln waschen und in Wasser ca. 25 Min. garen. Abschrecken, pellen und durch die Kartoffelpresse drücken. Den Kartoffelschnee auf einem Blech verteilen und völlig abkühlen lassen.

2 Inzwischen die Zwiebeln schälen und fein würfeln. Die Wurst evtl. pellen, in feine Würfel schneiden und mit dem Hackfleisch verkneten. 1 EL Öl in einer großen beschichteten Pfanne erhitzen und die Hackmasse darin bei starker Hitze grob krümelig braten. Mit Salz, Pfeffer und Paprika würzen und wieder herausnehmen.

3 Das restliche Öl im Bratfett erhitzen und die Zwiebeln darin bei kleiner Hitze andünsten. Das Sauerkraut dazugeben, zerzupfen und kurz mitdünsten. Wein, Apfelsaft und Zucker dazugeben und alles offen ca. 20 Min. köcheln lassen. Ab und zu umrühren, evtl. etwas Wasser nachgießen. Das Kraut mit Salz und Pfeffer würzen.

4 Inzwischen Kartoffelschnee, Mehl, 50 g weiche Butter, Ei, Muskat und Salz gut verkneten. Ist der Teig zu weich, noch 1–2 EL Mehl dazugeben. Den Teig auf wenig Mehl zu langen, fingerdicken Rollen formen und in ca. 5 cm lange Stücke schneiden. Die Teigstücke zu Schupfnudeln rollen, die an den Enden spitz zulaufen. In kochendem Salzwasser portionsweise garen, bis sie an die Oberfläche steigen. Mit einem Schaumlöffel herausnehmen und gut abtropfen lassen.

5 In einer großen beschichteten Pfanne die restliche Butter erhitzen. Die Schupfnudeln darin unter Wenden goldbraun braten. Hack zum Kraut geben, erhitzen und alles abschmecken. Schnittlauch waschen, trocken schütteln und in Röllchen schneiden. Nudeln, Kraut und Hack mit je 1 Klecks saurer Sahne und Schnittlauch servieren.

AUSTAUSCH-TIPP

Wer es eilig hat, nimmt statt der selbst gemachten ca. 750 g fertige Schupfnudeln aus dem Kühlregal. Einfach in einer Pfanne in Butter rundherum goldbraun braten und mit dem Kraut-Hack-Gulasch servieren.

asiatisch

Knuspriger Curry-Bratreis

240 g Langkornreis
Salz | 1 Knoblauchzehe
20 g frischer Ingwer | 1 Stange Lauch
200 g Möhren | 50 g Cashewnüsse
5 EL Öl | 1 EL Currypulver
300 g Rinderhackfleisch
100 g TK-Erbsen
2 Eier | Pfeffer
3 EL Sojasauce

Für 4 Personen | 45 Min. Zubereitung
Pro Portion ca. 645 kcal, 30 g EW, 35 g F, 55 g KH

1 Reis nach Packungsanweisung in Salzwasser bissfest garen. Gut abtropfen und auf einem Blech oder Tablett ausgebreitet abkühlen lassen.

2 Inzwischen Knoblauch und Ingwer schälen und fein würfeln. Lauch putzen, gründlich waschen und in Streifen schneiden. Möhren schälen und in dünne Streifen schneiden. Cashewnüsse in einer beschichteten Pfanne ohne Fett bei mittlerer Hitze goldbraun rösten, herausnehmen. 3 EL Öl in der Pfanne erhitzen. Reis darin bei mittlerer Hitze 6–8 Min. braten, mit Curry bestäuben und salzen.

3 In einer großen beschichteten Pfanne 2 EL Öl erhitzen. Hack darin bei starker Hitze grob krümelig anbraten. Knoblauch, Ingwer, Möhren und Erbsen ca. 5 Min. mitbraten. Lauch ca. 3 Min. mitbraten. Eier verquirlen. Hackmischung an den Rand schieben, die Eier zugießen und bei mittlerer Hitze unter Rühren braten. Mit Salz, Pfeffer und Sojasauce würzen. Alles mit dem Reis mischen und nochmals abschmecken. Mit Cashewnüssen anrichten.

mediterran

Gnocchi-Tomaten-Pfanne

1 Knoblauchzehe
1 Bund Frühlingszwiebeln
250 g Kirschtomaten
1 Bund Rucola
60 g schwarze Oliven (ohne Stein)
3 EL Olivenöl
400 g Rinderhackfleisch
2 TL getrockneter Oregano
Salz | Pfeffer
500 g passierte Tomaten (aus dem Tetrapak)
800 g frische Gnocchi (aus dem Kühlregal)
50 g frisch gehobelter Pecorino

Für 4 Personen | 35 Min. Zubereitung
Pro Portion ca. 660 kcal, 35 g EW, 20 g F, 80 g KH

1 Knoblauch schälen und fein würfeln. Frühlingszwiebeln putzen, waschen und in Ringe schneiden. Kirschtomaten waschen und halbieren. Rucola putzen, waschen, trocken schütteln und klein zupfen. Oliven quer halbieren.

2 In einer Pfanne 1 EL Öl erhitzen. Hack darin bei starker Hitze unter Rühren krümelig anbraten. Knoblauch und Oregano kurz mitbraten. Mit Salz und Pfeffer würzen. Passierte Tomaten zugießen und alles offen ca. 5 Min. köcheln lassen.

3 Inzwischen das restliche Öl in einer großen beschichteten Pfanne erhitzen. Gnocchi darin bei mittlerer Hitze unter Wenden goldbraun braten. Kirschtomaten, Oliven und Frühlingszwiebeln zur Hacksauce geben und alles offen noch ca. 3 Min. köcheln lassen. Mit den Gnocchi mischen und mit Rucola und Pecorino bestreut servieren.

oben: Knuspriger Curry-Bratreis | unten: Gnocchi-Tomaten-Pfanne

Klassiker aus Spanien

Hackbällchen in Tomatensauce

3 Scheiben Toastbrot
ca. 100 ml Milch
2 Zwiebeln
2 Knoblauchzehen
500 g gemischtes Hackfleisch
3–4 EL gemahlene Mandeln
1 Ei
Salz | Pfeffer
scharfes Paprikapulver
2 Zweige Rosmarin
3 EL Olivenöl
5 EL Sherry (oder Apfelsaft)
3 EL Paprikamark (aus der Tube)
1 Dose stückige Tomaten (400 ml)
500 g passierte Tomaten (aus dem Tetrapak)
1–2 TL Zucker
50 g kleine Kapern

Für 4 Personen | 50 Min. Zubereitung
Pro Portion ca. 605 kcal, 60 g EW, 40 g F, 20 g KH

1 Toastbrot entrinden und in Milch einweichen. Zwiebeln und Knoblauch schälen und fein würfeln. Das Hackfleisch mit dem ausgedrückten Toast, jeweils der Hälfte von Zwiebeln und Knoblauch, Mandeln, Ei, Salz, Pfeffer und Paprika verkneten. Mit angefeuchteten Händen zu ca. 20 Bällchen formen. Den Rosmarin waschen und trocken schütteln.

2 Das Öl in einer großen beschichteten Pfanne erhitzen. Die Hackbällchen darin bei starker Hitze rundherum anbraten. Die übrige Zwiebel und den restlichen Knoblauch kurz mitbraten. Den Sherry zugießen und den Bratsatz damit lösen.

3 Paprikamark, stückige und passierte Tomaten einrühren. Mit Salz, Pfeffer, Paprika und Zucker würzen. Den Rosmarin dazugeben und alles offen 20–25 Min. köcheln lassen. Ca. 10 Min. vor Garzeitende die Kapern unterrühren. Den Rosmarin herausnehmen, die Sauce abschmecken und die Hackbällchen in der Tomatensauce servieren. Dazu passt Oliven-Ciabatta.

schwedischer Kinderliebling

Köttbullar

200 g gekochte Kartoffeln | 1 Zwiebel | 500 g gemischtes Hackfleisch | 2 EL Semmelbrösel | 1 Ei | 200 g Sahne | Salz | Pfeffer | 3 EL Öl | 350 ml Gemüsebrühe | 2 EL Mehl | 2 EL Wildpreiselbeeren (aus dem Glas; angedickt)

Für 4 Personen | 55 Min. Zubereitung
Pro Portion ca. 645 kcal, 30 g EW, 50 g F, 15 g KH

1 Kartoffeln pellen, mit einer Gabel gut zerdrücken. Zwiebel schälen und fein würfeln. Mit Hack, Kartoffeln, Semmelbröseln, Ei und 50 g Sahne verkneten. Mit Salz und Pfeffer würzen. Hackmasse mit angefeuchteten Händen zu ca. 40 Bällchen formen.

2 Bällchen im heißen Öl portionsweise rundherum braten, herausnehmen. Brühe und 150 g Sahne einrühren, aufkochen und würzen. Mehl mit 50 ml Wasser verrühren, einrühren. Unter Rühren aufkochen, ca. 5 Min. köcheln lassen. Preiselbeeren unterrühren, Sauce abschmecken und die Bällchen darin erhitzen.

schmecken auch kalt

Frikadellen

1 Brötchen (vom Vortag) | 1 Zwiebel | 1 TL Butter | 600 g gemischtes Hackfleisch | 1 Ei | 1 EL Tomatenmark | 1 EL mittelscharfer Senf | 1 TL getrockneter Thymian | edelsüßes Paprikapulver | Salz | Pfeffer | 2–3 EL Mehl | 3 EL Öl

Für 4 Personen | 45 Min. Zubereitung
Pro Portion ca. 550 kcal, 35 g EW, 40 g F, 10 g KH

1 Brötchen in Wasser einweichen. Zwiebel schälen und fein würfeln. Butter in einer Pfanne erhitzen. Zwiebel darin bei mittlerer Hitze glasig dünsten, herausnehmen und etwas abkühlen lassen.

2 Brötchen ausdrücken. Mit Hack, Zwiebel, Ei, Tomatenmark, Senf, Thymian, Paprika, Salz und Pfeffer verkneten. Mit angefeuchteten Händen zu ca. 8 Frikadellen formen, auf etwas Mehl flacher drücken. Öl in einer großen beschichteten Pfanne erhitzen. Frikadellen darin portionsweise bei mittlerer Hitze unter Wenden 10–15 Min. braten. Sofort servieren.

schmeckt nach Urlaub

Hack-Zucchini-Tortilla

Dieses spanische Kartoffel-Omelett ist das perfekte Familiengericht. Kalt und in kleine Würfel geschnitten schmeckt es auch als Häppchen zu einem Glas Wein.

500 g festkochende Kartoffeln
300 g Zucchini
1 Zwiebel
1 Knoblauchzehe
300 g Rinderhackfleisch
1 EL Tomatenmark
4–5 EL Olivenöl
Salz | Pfeffer
edelsüßes Paprikapulver
8 Eier
7 EL Sahne
frisch geriebene Muskatnuss

Für 4 Personen
50 Min. Zubereitung | 35 Min. Garen
Pro Portion ca. 570 kcal, 35 g EW, 40 g F, 20 g KH

1 Die Kartoffeln waschen und in Wasser 15–20 Min. garen. Abgießen, kalt abschrecken, pellen und etwas abkühlen lassen.

2 Inzwischen die Zucchini putzen, waschen, längs vierteln und in ca. 5 mm dicke Scheiben schneiden. Die Zwiebel und den Knoblauch schälen und in feine Würfel schneiden. Das Hackfleisch mit dem Tomatenmark verkneten. 2 EL Öl in einer großen beschichteten Pfanne erhitzen. Die Hackmasse darin bei starker Hitze unter Wenden grob krümelig anbraten. Zwiebel- und Knoblauchwürfel hinzufügen und kurz mitbraten. Die Zucchinischeiben dazugeben und alles offen ca. 10 Min. weiterbraten, dabei öfter wenden. Mit Salz, Pfeffer und Paprika würzen und wieder aus der Pfanne nehmen.

3 Inzwischen die Eier und die Sahne verquirlen. Mit Salz, Pfeffer und Muskat würzen. Die Kartoffeln evtl. längs halbieren und in Scheiben schneiden. Das restliche Öl in einer großen beschichteten Pfanne (ca. 28 cm Ø) erhitzen. Die Kartoffelscheiben darin unter Wenden anbraten. Die Hack-Zucchini-Mischung unterheben und wieder erhitzen.

4 Die Eiersahne gleichmäßig über die Kartoffelmischung gießen (Bild 1) und zugedeckt bei schwacher Hitze 20–25 Min. stocken lassen. Dabei die Pfanne ab und zu rütteln, damit die Tortilla nicht am Boden ansetzt. Wenn die Eiersahne gestockt ist, einen flachen Topfdeckel oder einen Pizzateller auf die Pfanne legen. Die Pfanne mit Teller (festhalten!) umdrehen und die Tortilla mit der gebratenen Seite nach oben wieder in die Pfanne gleiten lassen (Bild 2). Bei schwacher Hitze zugedeckt ca. 10 Min. weiterbraten. Die Tortilla kurz ruhen lassen und auf eine Platte stürzen. Zum Servieren wie eine Torte in Stücke schneiden (Bild 3).

AUSTAUSCH-TIPP

Die Tortilla kann zur Abwechslung gut mit anderen Gemüsesorten zubereitet werden. Ersetzen Sie die Zucchini z. B. durch die gleiche Menge Möhren oder Paprika. Damit alles gleichmäßig bissfest wird, das Gemüse am besten wie oben bei den Zucchini ebenfalls vorgaren.

1

2

3

gut vorzubereiten

Türkische Hack-Wraps

300 g Rinderhackfleisch
3 EL Ajvar (scharfe Paprikapaste)
½ TL gemahlener Kreuzkümmel
1 Knoblauchzehe | 2 EL Öl | Salz
Chiliflocken | 1 kleine rote Zwiebel
250 g Salatgurke | 200 g feste Tomaten
2 eingelegte milde Peperoni (aus dem Glas)
4 Salatblätter (z. B. Kopfsalat)
175 g Kräuter-Doppelrahmfrischkäse
200 g Schafskäse (Feta) | 4 Weizen-Tortilla-Wraps (ca. 24 cm Ø) | Küchengarn

Für 4 Personen | 30 Min. Zubereitung
Pro Portion ca. 640 kcal, 35 g EW, 40 g F, 35 g KH

1 Hack mit 1 EL Ajvar und Kreuzkümmel verkneten. Knoblauch schälen und dazupressen. Im heißen Öl bei starker Hitze krümelig braten, mit Salz und Chili würzen. Herausnehmen und abkühlen lassen.

2 Inzwischen Zwiebel schälen, in Streifen schneiden. Gurke waschen, längs halbieren, entkernen und in ca. 5 mm breite Scheiben schneiden. Tomaten waschen und in Spalten schneiden. Peperoni abtropfen lassen, Stiele entfernen, Schoten in Ringe schneiden. Salat waschen und trocken tupfen.

3 Frischkäse, 100 g Schafskäse und 2 EL Ajvar pürieren, mit Salz und Chili würzen. Übrigen Schafskäse würfeln. Wraps jeweils mit Käsecreme bestreichen, mit Salat belegen. Hack, Zwiebel, Gurken, Tomaten, Peperoni und Käsewürfel darauf verteilen, mit Salz und Chili würzen. Wraps fest aufrollen, schräg halbieren. Mit Pergamentpapier und Küchengarn umwickeln. Mit Chili bestreut servieren.

mit cremig feiner Füllung

Gefüllte Pfannkuchen

4 Eier | 330 ml Milch | 170 g Mehl
Salz | 500 g grüner Spargel | 300 g Kohlrabi
250 g Möhren | 1 Zwiebel
400 g Mett | 4 EL Öl
650 ml Gemüsebrühe | 150 g Sahne
Pfeffer | 3 EL Schnittlauchröllchen

Für 4 Personen | 1 Std. 10 Min. Zubereitung
Pro Stück ca. 785 kcal, 35 g EW, 50 g F, 40 g KH

1 Eier trennen. Milch, 3 Eigelbe, 140 g Mehl und ½ TL Salz verquirlen. Den Teig ca. 20 Min. quellen lassen. Inzwischen Spargel waschen, im unteren Drittel schälen, Enden abschneiden, Spargel in Stücke schneiden. Kohlrabi schälen und grob würfeln. Möhren schälen, längs halbieren und in Scheiben schneiden. Zwiebel schälen und fein würfeln.

2 Mett mit Zwiebel verkneten und zu ca. 24 Klößen formen. In 1 EL heißem Öl bei starker Hitze braten, herausnehmen. 1 EL Öl im Bratfett erhitzen. Spargel, Kohlrabi und Möhren darin ca. 5 Min. andünsten. Brühe dazugießen, alles aufkochen und offen ca. 10 Min. köcheln lassen. 100 g Sahne mit übrigem Mehl verrühren, in das Ragout rühren. Klöße dazugeben und darin ca. 5 Min. köcheln lassen. Mit Salz und Pfeffer abschmecken, warm halten.

3 Eiweiße mit 1 Prise Salz steif schlagen, unter den Teig heben. Aus dem Teig in 2 EL Öl portionsweise bei mittlerer Hitze 4 Pfannkuchen backen, warm halten. Übriges Eigelb mit 50 g Sahne verrühren und unter das Ragout rühren. Nicht mehr kochen lassen, abschmecken und Schnittlauch unterrühren. Pfannkuchen mit Ragout gefüllt servieren.

oben: Türkische Hack-Wraps | unten: Gefüllte Pfannkuchen

braucht etwas Zeit

Frische Frühlingsrollen

Diese vietnamesischen Glücksrollen sind wunderbar leicht und knackig, weil sie nicht frittiert werden. Perfekt als Vorspeise, Snack oder exotisches Fingerfood!

50 g Glasnudeln
10 g frischer Ingwer
1 Knoblauchzehe
300 g Möhren
1 rote Paprikaschote (ca. 250 g)
1 Bund Frühlingszwiebeln
350 g Schweinehackfleisch
4 EL Sojasauce
2 EL Öl
80 g geröstete gesalzene Erdnüsse
Salz | Pfeffer
6 Blätter Chinakohl
5 Stängel Koriander
16 Reispapierblätter (ca. 22 cm Ø; Asialaden)
200 ml süß-scharfe Asiasauce (Asialaden)
Öl für die Platte

Für 4 Personen | 1 Std. 10 Min. Zubereitung
Pro Portion ca. 660 kcal, 25 g EW, 35 g F, 60 g KH

1 Die Glasnudeln nach Packungsanweisung in lauwarmem Wasser einweichen, abtropfen lassen und mit einer Schere in ca. 5 cm lange Stücke schneiden. Inzwischen Ingwer und Knoblauch schälen und in feine Würfel schneiden.

2 Möhren schälen und in feine Streifen schneiden. Paprika halbieren, weiße Trennwände und Kerne entfernen, die Hälften waschen und in feine Streifen schneiden. Frühlingszwiebeln putzen, waschen und in dünne Ringe schneiden.

3 Hack mit Knoblauch und 1 EL Sojasauce verkneten. 1 EL Öl in einer großen beschichteten Pfanne erhitzen. Hack darin bei starker Hitze unter Rühren krümelig braten. Glasnudeln und Ingwer kurz mitbraten, alles herausnehmen. Restliches Öl im Bratfett erhitzen. Möhren, Paprika und Frühlingszwiebeln darin kurz bei mittlerer Hitze andünsten. Hackmischung und Erdnüsse unterheben. Mit Salz, Pfeffer und übriger Sojasauce würzen und abkühlen lassen.

4 Inzwischen Chinakohl waschen und trocken tupfen, Strunk entfernen, Blätter zerzupfen. Koriander waschen, trocken schütteln und die Blätter abzupfen. Eine große Schüssel mit lauwarmem Wasser bereitstellen. Je 1 Reispapierblatt ganz kurz im Wasser einweichen und auf ein angefeuchtetes Küchenpapier oder Küchentuch legen.

5 Weiche Reispapierblätter im unteren Drittel mit je 1 Stück Chinakohl und etwas Koriander belegen. Je etwas Hackmischung länglich darauflegen. Erst die Seiten des Reispapierblatts über die Füllung klappen, dann das Blatt von unten aufrollen und auf eine leicht geölte Platte legen. Bis zum Servieren mit Frischhaltefolie abdecken. Die Asiasauce zum Dippen dazu reichen.

AUSTAUSCH-TIPP

Die Frühlingsrollen lassen sich auch mit anderen Gemüsesorten füllen, z. B. mit Champignons, Zucchini oder Zuckerschoten. Das Hack kann durch gebratene Hähnchenstücke oder Garnelen ersetzt werden.

Aus dem Ofen

Bei den folgenden Gerichten erledigt der Backofen die meiste Arbeit: Während alles vor sich hin schmurgelt, bleibt noch Zeit für andere Dinge. Bei diesem Rezept verwandelt sich Hackfleisch in einen »Falschen Hasen«. Die Eier in der Mitte des Bratens sehen nicht nur dekorativ aus, sondern haben auch eine Bedeutung: Sie sollen das Hasenherz symbolisieren.

»Falscher Hase«

1 Brötchen (vom Vortag)
4 Eier | 1 große Zwiebel | ½ Bund Suppengrün
5 Scheiben Frühstücksspeck (Bacon)
750 g gemischtes Hackfleisch
1 TL getrockneter Majoran
1 EL mittelscharfer Senf | 1 EL Tomatenmark
Salz | Pfeffer
1 EL Öl | ½ l Gemüsebrühe
2–3 TL Mehl

Für 4 Personen
30 Min. Zubereitung | 55 Min. Garen
Pro Portion ca. 700 kcal, 50 g EW, 50 g F, 10 g KH

1 Das Brötchen in Wasser einweichen. 3 Eier in ca. 6 Min. mittelweich kochen, kalt abschrecken und pellen. Die Zwiebel schälen und fein würfeln. Suppengrün putzen, schälen bzw. waschen und klein schneiden. Den Speck in Streifen schneiden.

2 Den Ofen auf 180° vorheizen. Hackfleisch, Zwiebel, ausgedrücktes Brötchen, 1 Ei, Majoran, Senf und Tomatenmark verkneten. Mit Salz und Pfeffer würzen. Die Hackmasse mit angefeuchteten Händen zu einem Braten formen, dabei die 3 gekochten Eier in die Mitte einarbeiten.

3 Das Öl in einem Bräter verteilen und den Hackbraten hineinlegen. Mit Speck belegen und diesen andrücken, das Suppengemüse außen herum verteilen. Im Ofen (Umluft 160°) offen ca. 15 Min. braten. Dann 150 ml Brühe zugießen und den Braten zugedeckt ca. 25 Min. garen. Deckel abnehmen, die restliche Brühe zugießen und den Hackbraten ca. 15 Min. weiterbraten. Herausnehmen und in Alufolie wickeln. Den Bratfond durch ein Sieb gießen und aufkochen. Mehl mit 2 EL Wasser verrühren, in die Sauce rühren und ca. 4 Min. kochen. Abschmecken und zum Hackbraten servieren.

macht satt und glücklich

Lasagne al forno

Das ist Schicht für Schicht wahres Nudelglück: Im italienischen Original versteckt sich eine gute Portion Hackfleisch, die der Lasagne den herzhaften Geschmack verleiht.

1 Möhre | 100 g Knollensellerie
50 g durchwachsener Räucherspeck
2 Zwiebeln | 1 Knoblauchzehe
2 EL Olivenöl
350 g gemischtes Hackfleisch
500 g passierte Tomaten (aus dem Tetrapak)
1 EL getrocknete italienische Kräuter
Salz | Pfeffer
40 g Butter | 40 g Mehl
½ l Milch
frisch geriebene Muskatnuss
80 g Parmesan (am Stück)
1 Kugel Mozzarella (125 g)
ca. 9 Lasagneplatten (ohne Vorkochen)
Fett für die Form

Für 4 Personen
40 Min. Zubereitung | 40 Min. Backen
Pro Portion ca. 865 kcal, 45 g EW, 55 g F, 50 g KH

1 Möhre und Sellerie schälen und ebenso wie den Speck in Würfel schneiden. 1 Zwiebel und den Knoblauch schälen und fein würfeln.

2 Öl in einem großen Topf erhitzen und den Speck darin bei starker Hitze anbraten. Das Hack dazugeben und unter Rühren krümelig anbraten. Zwiebel, Knoblauch, Möhre und Sellerie hinzufügen und ca. 5 Min. dünsten. Passierte Tomaten zugießen und alles aufkochen. Kräuter unterrühren, die Sauce mit Salz und Pfeffer würzen und offen ca. 15 Min. köcheln lassen. Wenn die Sauce zu dickflüssig ist, evtl. noch 3–4 EL Wasser unterrühren.

3 Ofen auf 180° vorheizen. Für die Béchamelsauce die restliche Zwiebel schälen und fein würfeln. Die Butter in einem Topf erhitzen und die Zwiebel darin bei mittlerer Hitze andünsten. Das Mehl darin unter Rühren hellgelb anschwitzen. Die Milch dazugießen und dabei ständig weiterrühren, damit sich keine Klümpchen bilden. Die Sauce mit Salz, Pfeffer und Muskat würzen und ca. 5 Min. köcheln lassen, bis sie gebunden ist. Parmesan reiben. Mozzarella in dünne Scheiben schneiden.

4 Eine große rechteckige Auflaufform fetten. Je ¼ der Béchamel- und Hackfleischsauce auf dem Formboden verstreichen. 3 Lasagneplatten nebeneinander darauflegen. So fortfahren, bis alle Zutaten aufgebraucht sind, dabei jede Schicht mit etwas Parmesan bestreuen. Mit einer Schicht Hacksauce und Béchamel abschließen. Mozzarella darauf verteilen und den restlichen Parmesan darüberstreuen. Die Lasagne im Ofen (Mitte, Umluft 160°) in 35–40 Min. goldbraun backen. Vor dem Servieren kurz ruhen lassen.

GELING-TIPP

Die getrockneten Lasagneplatten brauchen zum Garen ausreichend Flüssigkeit, sonst werden sie nicht richtig weich. Deshalb beim Einschichten immer genügend Sauce darauf verteilen. Lasagneplatten zurechtbrechen, wenn sie nicht in die Form passen.

macht was her

Auberginenauflauf »Moussaka«

Das wohl bekannteste griechische Gericht bleibt im Ofen so schön saftig, weil es mit cremiger Béchamelsauce bedeckt ist. Für eine knusprige Kruste sorgt geriebener Käse.

650 g Auberginen
Salz
500 g festkochende Kartoffeln
1 Zwiebel | 1 Knoblauchzehe
6 EL Olivenöl
500 g Rinderhackfleisch
2 Dosen stückige Tomaten (je 400 ml)
4 EL Tomatenmark
2 TL getrockneter Oregano
Pfeffer | ½ TL Zimtpulver
40 g Butter | 40 g Mehl
400 ml Milch
frisch geriebene Muskatnuss
1 Ei
60 g frisch geriebener Grana Padano
Öl für das Backpapier und die Form

Für 4 Personen
45 Min. Zubereitung | 45 Min. Backen
Pro Portion ca. 815 kcal, 45 g EW, 55 g F, 35 g KH

1 Die Auberginen putzen, waschen und quer in ca. 5 mm dünne Scheiben schneiden. Die Scheiben auf beiden Seiten mit Salz bestreuen und zugedeckt Wasser ziehen lassen.

2 Ofen auf 180° vorheizen. Kartoffeln waschen, in Wasser ca. 20 Min. garen, kalt abschrecken und pellen. Etwas abkühlen lassen, dann in Scheiben schneiden. Inzwischen Zwiebel und Knoblauch schälen und in feine Würfel schneiden.

3 Ein Backblech mit Backpapier auslegen und dieses mit Öl bestreichen. Die Auberginenscheiben mit Küchenpapier trocken tupfen, auf dem Blech verteilen und mit 5 EL Öl bestreichen. Die Auberginenscheiben im Ofen (Mitte, Umluft 160°) 20 Min. garen, dabei einmal wenden. Die Auberginen aus dem Ofen nehmen.

4 Inzwischen 1 EL Öl in einer großen Pfanne erhitzen, das Hack darin bei starker Hitze evtl. portionsweise unter Rühren krümelig anbraten. Zwiebel und Knoblauch kurz mitbraten. Stückige Tomaten, Tomatenmark und Oregano hinzufügen und alles aufkochen. Mit Salz, Pfeffer und Zimt würzen und offen ca. 15 Min. köcheln lassen.

5 Inzwischen für die Béchamelsauce die Butter in einem Topf erhitzen. Das Mehl darin bei mittlerer Hitze unter Rühren hellgelb anschwitzen. Die Milch dazugießen und dabei ständig weiterrühren, damit sich keine Klümpchen bilden. Die Sauce mit Salz, Pfeffer und Muskat würzen und ca. 5 Min. köcheln lassen. Lauwarm abkühlen lassen. Dann das Ei und die Hälfte des Käses unterrühren.

6 Eine große Auflaufform fetten. Erst die Kartoffelscheiben, dann die Hälfte der Hacksauce und die Auberginen einschichten. Die übrige Hacksauce und die Béchamelsauce darüber verteilen. Mit dem restlichen Käse bestreuen und im Ofen (Mitte, Umluft 160°) in ca. 45 Min. goldbraun backen. Vor dem Servieren kurz ruhen lassen.

das mögen Kinder

Gefüllte Paprikaschoten

Zu den gefüllten Schoten ist Reis nicht nur die perfekte Beilage, er wird auch schon unter das Hackfleisch gemischt. Das macht die Füllung schön locker!

70 g Langkornreis | Salz
4 Paprikaschoten (je ca. 200 g)
1 Knoblauchzehe
2 Zwiebeln
1 Bund Petersilie
500 g gemischtes Hackfleisch
1 Ei
2 EL Tomatenmark
Pfeffer
1 Zweig Rosmarin
¼ l heiße Gemüsebrühe
500 g passierte Tomaten (aus dem Tetrapak)
1 TL Zucker

Für 4 Personen
30 Min. Zubereitung | 1 Std. Garen
Pro Portion ca. 515 kcal, 35 g EW, 25 g F, 30 g KH

1 Den Reis nach Packungsanweisung in Salzwasser bissfest garen. In ein Sieb gießen, kalt abbrausen und abtropfen lassen. Inzwischen den Ofen auf 180° vorheizen. An den Stielenden der Paprikaschoten je einen Deckel abschneiden (Bild 1). Die weißen Trennwände und Kerne entfernen, die Schoten waschen und trocken tupfen.

2 Den Knoblauch und 1 Zwiebel schälen. Die Zwiebel in feine Würfel schneiden. Die Petersilie waschen und trocken schütteln, die Blätter abzupfen und fein hacken. Hackfleisch, Zwiebel, Petersilie, Reis, Ei und 1 EL Tomatenmark verkneten und den Knoblauch dazupressen. Die Masse mit Salz und Pfeffer würzen und in die Paprikaschoten füllen (Bild 2).

3 Die übrige Zwiebel schälen und fein würfeln. Rosmarin waschen und trocken schütteln. Die heiße Brühe, passierte Tomaten und Zwiebel in einem Bräter verrühren. Mit Salz, Pfeffer und Zucker würzen und den Rosmarinzweig dazugeben.

4 Die Paprikaschoten ohne Deckel auf die passierten Tomaten in den Bräter setzen und zugedeckt im Ofen (Mitte, Umluft 160°) ca. 1 Std. garen. Ca. 20 Min. vor Ende der Garzeit die Paprikadeckel auf die Schoten setzen und diese im offenen Bräter fertig garen. Zum Schluss den Rosmarin herausnehmen und die Tomatensauce nochmals abschmecken (Bild 3). Dazu schmeckt Butterreis.

GUT ZU WISSEN

Für welche Farbe Sie sich bei den Paprikaschoten entscheiden, ist reine Geschmackssache: Rote Schoten sind eher süß und fruchtig, die unreifen grünen schmecken etwas herber und sind ein bisschen fester. Gelbe Paprikaschoten sind meist lieblich süß und besitzen ein saftiges Fruchtfleisch.

1

2

3

perfekt für Party und Picknick

Empanadas

90 g Butter | 150 ml lauwarme Milch | 400 g Mehl
2 Eigelb | Salz | 1 Ei | 1 Zwiebel
1 Knoblauchzehe | 80 g rote Paprikaschote
10 grüne Oliven (ohne Stein)
30 g luftgetrockneter Schinken (z. B. Serrano)
1 EL Öl | 200 g gemischtes Hackfleisch
1 EL getrockneter Oregano | 1 EL Tomatenmark
Cayennepfeffer | edelsüßes Paprikapulver
2 EL frisch geriebener Parmesan
Mehl für die Arbeitsfläche

Für 10 Stück
1 Std. Zubereitung | 30 Min. Backen
Pro Stück ca. 315 kcal, 10 g EW, 15 g F, 30 g KH

1 Butter würfeln, mit Milch, Mehl, 1 Eigelb und 1 TL Salz verkneten. Teig zugedeckt 50 Min. kalt stellen. Inzwischen Ei in ca. 10 Min. hart kochen, abschrecken und pellen. Zwiebel und Knoblauch schälen, fein würfeln. Paprika putzen, waschen und würfeln. Oliven grob hacken. Schinken klein schneiden, im Öl bei starker Hitze anbraten. Hack dazugeben und krümelig braten. Zwiebel, Knoblauch und Oregano mitbraten. Tomatenmark unterrühren. Mit Salz, Cayenne und Paprikapulver würzen. Ei würfeln, mit Paprika, Oliven und Käse unterheben. Abkühlen lassen.

2 Ofen auf 180° vorheizen. Teig in 10 Stücke teilen, jedes Stück auf Mehl rund (ca. 13 cm Ø) ausrollen und mit etwas Hackmasse füllen, Ränder zusammenklappen und andrücken. Übriges Eigelb mit 1 TL Wasser verrühren, Empanadas damit bestreichen. Auf einem mit Backpapier ausgelegten Blech im Ofen (Mitte, Umluft 160 °) 25–30 Min. backen.

Fingerfood für Gäste

Hackmuffins »Hawaii«

3 Scheiben Sandwichtoast
1 Zwiebel
3 Scheiben Ananas (aus der Dose)
100 g gekochter Schinken (in Scheiben)
300 g Geflügel- oder Schweinehackfleisch
200 g Magerquark | Salz | Pfeffer
1 TL Currypulver | 5 EL Öl | 1 Ei
200 g Mehl (Type 550) | 1 TL Backpulver
12 Cocktailkirschen (aus dem Glas)
150 g frisch geriebener Gouda
Fett für die Form

Für 1 12er-Muffinblech
30 Min. Zubereitung | 30 Min. Backen
Pro Stück ca. 250 kcal, 15 g EW, 15 g F, 20 g KH

1 Toast entrinden und in Wasser einweichen. Zwiebel schälen und fein würfeln. Ananasscheiben vierteln und jeweils waagerecht halbieren. Schinken würfeln. Mit Hack, ausgedrücktem Toastbrot, 70 g Quark, Salz, Pfeffer und Curry verkneten. Die Masse zu 12 Talern (je 6 cm Ø) formen.

2 Ofen auf 180° vorheizen. 130 g Quark, Öl, Ei und 1 TL Salz verrühren. Mehl und Backpulver mischen und mit der Quarkmasse verkneten. Mit bemehlten Händen zu 12 Kreisen (je 9 cm Ø) formen und in die gefetteten Muffinmulden legen, am Rand höher drücken. Hackmasse daraufgeben und andrücken. Im Ofen (Mitte, Umluft 160°) ca. 15 Min. backen.

3 Muffins herausnehmen, je mit 2 Ananasstücken und 1 Kirsche belegen. Mit Käse bestreuen und 10–15 Min. weiterbacken. Fertige Muffins aus den Mulden lösen und auskühlen lassen.

oben: Empanadas | unten: Hackmuffins »Hawaii«

braucht etwas Zeit

Gemüse-Mett-Quiche

Diese Quiche wird ganz klassisch mit einem Mürbeteig zubereitet. Würziges Mett, reichlich Gemüse und eine knusprige Käseschicht machen den Genuss komplett!

120 g kalte Butter
240 g Mehl (Type 550)
Salz
400 g Möhren
600 g Lauch
200 g grüne TK-Bohnen
300 g Mett
2 TL Sahnemeerrettich
3 EL Öl
Pfeffer
200 g Sahne
4 Eier
frisch geriebene Muskatnuss
200 g frisch geriebener Bergkäse
200 g Kräuterquark

Für 1 Quicheform von 26 cm Ø (für 8 Stück)
1 Std. 15 Min. Zubereitung | 45 Min. Backen
Pro Stück ca. 640 kcal, 25 g EW, 45 g F, 30 g KH

1 Die Butter würfeln. Mit Mehl und 1 TL Salz mit den Händen glatt verkneten, dabei 2–3 EL eiskaltes Wasser unterkneten. Den Teig zwischen zwei Lagen Frischhaltefolie rund (ca. 32 cm Ø) ausrollen. In eine Quicheform mit schrägem, hohem Rand setzen und den Teig am Rand andrücken. Den Boden mit einer Gabel mehrmals einstechen und ca. 1 Std. zugedeckt kalt stellen.

2 Inzwischen die Möhren schälen und in dünne Scheiben schneiden oder hobeln. Den Lauch putzen, längs aufschneiden, gründlich waschen und in ca. 5 mm breite Streifen schneiden. Die Bohnen in Salzwasser ca. 8 Min. garen, kalt abschrecken und abtropfen lassen.

3 Den Ofen auf 180° vorheizen. Das Mett mit dem Meerrettich verkneten. 1 EL Öl in einer großen beschichteten Pfanne erhitzen. Das Mett darin bei starker Hitze unter Rühren grob krümelig anbraten und herausnehmen. 2 EL Öl im Bratfett erhitzen. Die Möhren darin bei mittlerer Hitze unter Wenden ca. 15 Min. andünsten. Den Lauch nach ca. 5 Min. und zuletzt die Bohnen dazugeben. Die Gemüsemischung mit Salz und Pfeffer würzen. In eine große Schüssel geben und etwas abkühlen lassen.

4 Sahne und Eier verrühren. Mit Salz, Pfeffer und Muskat würzen. Mit 50 g Bergkäse und dem Gemüse mischen. Die Gemüsemischung auf dem Teig verteilen, das Mett daraufgeben, alles etwas flacher und glatt andrücken. Mit restlichem Käse bestreuen. Die Quiche im Ofen (Mitte, Umluft 160°) 40–45 Min. backen. Herausnehmen, etwas abkühlen lassen und in Stücke schneiden. Mit dem Kräuterquark anrichten.

AUSTAUSCH-TIPP

Anstelle von TK-Bohnen können Sie während der Saison von Juni bis September auch ca. 220 g frische grüne Bohnen verwenden. Diese vorher putzen und ca. 3 Min. länger als die tiefgekühlten kochen.
Oder Sie nehmen statt der Bohnen TK-Erbsen. Die schmecken herrlich süß und werden auch von Kindern gerne gegessen. Einfach mit dem Lauch kurz mitdünsten.

würzig | mediterran

Hackpizza

60 g italienische Fenchelsalami
2 Zwiebeln | 1 Knoblauchzehe
450 g gemischtes Hackfleisch
2 Eier | 3 EL Semmelbrösel
6 EL Tomatenketchup
1 ½ EL getrocknete italienische Kräuter
Salz | Pfeffer
200 g Tomaten | 1 Kugel Mozzarella (125 g)
50 g grüne Oliven (ohne Stein)
2 EL gezupfte Basilikumblätter
Fett für die Form

Für 1 Springform von 28 cm Ø (für 4 Stück)
25 Min. Zubereitung | 20 Min. Backen
Pro Stück ca. 545 kcal, 35 g EW, 40 g F, 15 g KH

1 Ofen auf 180° vorheizen. Salami fein würfeln. Zwiebeln und Knoblauch schälen und fein würfeln. Die Hälfte der Zwiebeln, Knoblauch, Hack, Salami, Eier, Semmelbrösel, 2 EL Ketchup und 1 EL Kräuter verkneten. Mit Salz und Pfeffer würzen. Hackmasse in einer gefetteten Springform verteilen, andrücken und im Ofen (Umluft 160°) ca. 20 Min. vorbacken.

2 Inzwischen Tomaten waschen und wie den Mozzarella in Scheiben schneiden. Oliven quer halbieren. Hackboden aus dem Ofen nehmen und mit 4 EL Ketchup bestreichen. Tomaten, übrige Zwiebeln und Oliven darauf verteilen. ½ EL Kräuter darüberstreuen. Mit Salz und Pfeffer würzen. Mit Käse belegen und im Ofen (Umluft 160°) ca. 20 Min. weiterbacken.

3 Die Hackpizza mit Basilikum bestreut servieren und nach Belieben Ciabatta dazu reichen.

britische Spezialität

Shepherd's Pie

1 große Zwiebel | 2 Knoblauchzehen
200 g Möhren | 2 EL Öl
500 g Lamm- oder Rinderhackfleisch
⅛ l Gemüsebrühe | 2–3 EL Tomatenmark
2 TL Senf | 2 TL getrockneter Thymian
150 g TK-Erbsen
Salz | Pfeffer
850 g mehligkochende Kartoffeln
⅛ l Milch | 2 EL Butter
frisch geriebene Muskatnuss
100 g frisch geriebener Cheddar
Fett für die Form

Für 4 Personen
45 Min. Zubereitung | 25 Min. Backen
Pro Portion ca. 665 kcal, 35 g EW, 40 g F, 35 g KH

1 Zwiebel und Knoblauch schälen und fein würfeln. Möhren schälen und ebenfalls würfeln. Öl erhitzen und Hack darin krümelig braten. Zwiebel, Knoblauch und Möhren ca. 5 Min. mitbraten. Brühe, Tomatenmark, Senf und Thymian dazugeben und alles offen ca. 15 Min. kochen. Erbsen ca. 5 Min. mitkochen, die Sauce mit Salz und Pfeffer würzen.

2 Inzwischen Ofen auf 180° vorheizen. Kartoffeln schälen und klein schneiden. In Salzwasser zugedeckt ca. 20 Min. garen. Kartoffeln abgießen und abtropfen lassen. Mit Milch und Butter zu Püree stampfen. Mit Salz und Muskat würzen, Käse unterheben. Die Hacksauce in einer gefetteten Auflaufform verteilen, das Püree daraufstreichen. Den Pie im Ofen (Mitte, Umluft 160°) 20–25 Min. überbacken und vor dem Servieren kurz ruhen lassen.

links: Hackpizza | rechts: Sheperd's Pie

würzig | knusprig

Makkaroni-Hack-Torte

500 g Brokkoli | 350 g Makkaroni
Salz | 150 g Kirschtomaten | 1 Zwiebel
300 g gemischtes Hackfleisch
1 EL Öl | 1 EL Tomatenmark
1 TL getrocknete italienische Kräuter
Pfeffer | 1/4 l Milch
200 g Crème fraîche mit Kräutern
6 Eier | 150 g frisch geriebener Edamer
frisch geriebene Muskatnuss
Öl zum Bestreichen

Für 1 Springform von 28 cm Ø (für 12 Stück)
20 Min. Zubereitung | 50 Min. Backen
Pro Stück ca. 345 kcal, 20 g EW, 20 g F, 25 g KH

1 Brokkoli putzen, waschen und in Röschen teilen. Nudeln nach Packungsanweisung in Salzwasser bissfest garen. Brokkoli ca. 5 Min. mitkochen, beides kalt abschrecken und in einem Sieb abtropfen lassen. Inzwischen Kirschtomaten waschen und halbieren. Zwiebel schälen und fein würfeln.

2 Ofen auf 180° vorheizen. Hack in Öl bei starker Hitze krümelig braten. Zwiebel, Tomatenmark und Kräuter kurz mitbraten, alles mit Salz und Pfeffer würzen. Milch, Crème fraîche, Eier und 50 g Käse verquirlen. Mit Salz, Pfeffer und Muskat würzen.

3 Springform mit Backpapier auslegen und ölen. Nudeln spiralförmig am Boden und Rand verteilen. Brokkoli, Tomaten und Hackmasse einschichten, mit Eiermilch übergießen. Torte mit Alufolie abdecken und im Ofen (Mitte, Umluft 160°) ca. 35 Min. backen. Alufolie entfernen, restlichen Käse darüberstreuen und in ca. 15 Min. fertig backen.

gelingt leicht

Gefülltes Ciabatta

1 Ciabatta-Brot zum Fertigbacken (ca. 400 g)
5 Frühlingszwiebeln
1 Knoblauchzehe
50 g schwarze Oliven (ohne Stein)
400 g gemischtes Hackfleisch
1 Ei | 4 TL Basilikum-Pesto
1 TL getrocknete Kräuter der Provence
Salz | Pfeffer | 2 Tomaten
150 g Ziegenkäserolle (Frischkäse)
2 EL Olivenöl

Für 6 Personen
25 Min. Zubereitung | 40 Min. Backen
Pro Portion ca. 475 kcal, 25 g EW, 25 g F, 35 g KH

1 Ofen auf 180° vorheizen. Aus dem Ciabatta oben längs eine keilförmige Vertiefung herausschneiden. Ca. 70 g Brotreste in Wasser einweichen. Frühlingszwiebeln putzen, waschen und in Ringe schneiden. Knoblauch schälen, würfeln. Oliven längs halbieren.

2 Hack, Ei, ausgedrückte Ciabatta-Reste, Knoblauch, 2 TL Pesto und Kräuter verkneten. Mit Salz und Pfeffer würzen. Frühlingszwiebeln und Oliven unterkneten. Ciabatta auf ein mit Backpapier ausgelegtes Backblech legen. Hackmasse in der Brotvertiefung verteilen und andrücken. Im Ofen (Mitte, Umluft 160°) ca. 20 Min. backen.

3 Inzwischen die Tomaten waschen und wie den Ziegenkäse in Scheiben schneiden. Ciabatta aus dem Ofen nehmen. Tomaten und Käse dachziegelartig darauf verteilen, mit Salz und Pfeffer würzen. Mit Öl beträufeln und 15–20 Min. weiterbacken. Zum Servieren mit dem restlichen Pesto beträufeln.

oben: Makkaroni-Hack-Torte | unten: Gefülltes Ciabatta

Vom Grill

Wenn die Temperaturen steigen und die Tage länger werden, ist es höchste Zeit, den Grill anzuheizen. Ob Cheeseburger, Cevapcici oder Farmerhacksteaks: Was hier frisch gebrutzelt vom Rost kommt, schmeckt dank der leicht rauchigen Note unwiderstehlich gut und lässt sich außerhalb der Freiluftsaison auch super in einer Grillpfanne zubereiten.

Cheeseburger Italia

1 kleine Gemüsezwiebel
450 g Rinderhackfleisch
2 EL mittelscharfer Senf
5 EL Tomatenketchup
3 EL Semmelbrösel
1 EL getrockneter Oregano
Salz | Pfeffer
2–3 EL Öl
4 große Burger-Buns (Softbrötchen) mit Sesam
200 g Tomaten
1 Bund Rucola
3 EL Salatmayonnaise
8 Scheiben geräucherter Scamorza (je ca. 15 g)
Öl zum Grillen

Für 4 Personen | 35 Min. Zubereitung
Pro Portion ca. 750 kcal, 40 g EW, 40 g F, 50 g KH

1 Den Grill anheizen. Zwiebel schälen und quer halbieren, eine Hälfte in Würfel, die andere in dünne Scheiben schneiden. Zwiebelwürfel mit Hack, 1 EL Senf, 1 EL Ketchup, Semmelbröseln und Oregano verkneten. Mit Salz und Pfeffer würzen. Zu 4 Hacksteaks formen und mit Öl bestreichen.

2 Brötchen waagerecht durchschneiden und unter Wenden auf dem heißen Grill kurz erwärmen. Hacksteaks auf einer geölten Grillschale auf dem heißen Grill unter Wenden ca. 10 Min. braten.

3 Tomaten waschen und in dünne Scheiben schneiden. Rucola putzen, waschen und trocken schütteln. Mayonnaise mit 1 EL Senf verrühren. Die unteren Brötchenhälften mit je 1 EL Senfcreme bestreichen. Mit Rucola belegen, Tomaten und Zwiebelringe darauf verteilen. Mit Hacksteaks und Käse belegen. Restliches Ketchup daraufstreichen, mit oberen Brötchenhälften belegen. Sofort servieren.

exotisch | raffiniert

Hack-Saté-Spieße mit Erdnussdip

Auf Marinade können diese Spieße verzichten, denn im Hack stecken viele fernöstliche Aromen. Dazu gibt es eine raffinierte Erdnuss-Sauce zum Dippen.

2 Knoblauchzehen | 30 g frischer Ingwer | 4 Stiele Koriandergrün | 600 g Geflügel- oder Schweinehackfleisch | 2 TL Wasabi-Paste (aus der Tube) | 2 EL Sojasauce | Salz | 8 Scheiben Frühstücksspeck (Bacon) | 3–4 EL Öl | 250 ml Kokosmilch (aus der Dose) | 100 g cremige Erdnussbutter | 1–2 EL frisch gepresster Limettensaft | Pfeffer | 1 gestr. TL Currypulver | 16 lange Holz-/Metallspieße | Öl zum Formen und Grillen

Für 4 Personen
35 Min. Zubereitung | 15 Min. Garen
Pro Portion ca. 665 kcal, 40 g EW, 50 g F, 10 g KH

1 Holzspieße in kaltem Wasser ca. 15 Min. einweichen. Knoblauch und Ingwer schälen und fein würfeln. Koriander waschen, trocken schütteln und die Blätter fein hacken. Das Hackfleisch mit Koriander, Wasabi, 1 EL Sojasauce sowie jeweils der Hälfte von Knoblauch und Ingwer verkneten. Die Masse evtl. mit Salz würzen.

2 Den Grill anheizen. Inzwischen Speckscheiben quer halbieren. Hackmasse in 16 Portionen teilen, mit geölten Händen jeweils zu Strängen rollen. Je 1 Hackstrang auf 1 halbierte Speckscheibe legen und flach drücken. Wellenförmig auf die Spieße stecken und mit Öl bestreichen.

3 Übrigen Knoblauch und Ingwer im restlichen Öl andünsten. Kokosmilch und Erdnussbutter dazugeben und unter Rühren kurz erhitzen. 1 EL Sojasauce und den Limettensaft unterrühren. Mit Salz, Pfeffer und Curry abschmecken. Hack-Saté-Spieße auf einer geölten Grillschale auf dem heißen Grill 10–15 Min. braten und mit Erdnussdip servieren.

mediterran

Cevapcici

1 Zwiebel | 600 g gemischtes Hackfleisch | 1 EL Mehl | 2 EL Paprikamark (aus der Tube) | 1 EL getrockneter Majoran | 1 Prise gemahlener Kreuzkümmel | Salz | Cayennepfeffer | 2 Knoblauchzehen | 3–4 EL Olivenöl | 80 g Ajvar (scharfe Paprikapaste) | Öl zum Grillen

Für 4 Personen
30 Min. Zubereitung | 20 Min. Garen
Pro Portion ca. 560 kcal, 30 g EW, 45 g F, 5 g KH

1 Die Zwiebel schälen und fein würfeln. Mit Hackfleisch, Mehl, Paprikamark, Majoran, Kreuzkümmel, Salz und Cayennepfeffer verkneten. Den Knoblauch schälen und dazupressen. Die Masse mit angefeuchteten Händen zu Röllchen (ca. 3,5 x 8 cm) formen.

2 Den Grill anheizen. Die Cevapcici rundherum mit Öl bestreichen. Auf eine geölte Grillschale legen und auf dem heißen Grill portionsweise rundherum ca. 10 Min. braten. Mit Ajvar anrichten. Dazu passt Paprikasalat (siehe Seite 56).

preiswert | schnell

Paprika-Mett-Brötchen

1 kleine Zwiebel | ½ kleine grüne Paprikaschote (ca. 90 g) | 350 g Mett | 60 g Kräuter-Doppelrahmfrischkäse | edelsüßes Paprikapulver | 4 Brötchen | 8 gestr. TL weiche Kräuterbutter | 4 EL Öl | Öl zum Grillen

Für 4 Personen
20 Min. Zubereitung | 8 Min. Garen
Pro Portion ca. 600 kcal, 20 g EW, 45 g F, 25 g KH

1 Zwiebel schälen, fein würfeln. Paprika putzen, waschen und klein würfeln. Mett mit Zwiebel, Paprika, 30 g Frischkäse und Paprikapulver verkneten.

2 Den Grill anheizen. Brötchen waagerecht halbieren, jede Hälfte mit 1 TL Kräuterbutter bestreichen. Mett gleichmäßig darauf verteilen und mit Öl bestreichen. Brötchen mit der Fleischseite auf eine geölte Grillschale legen, auf dem heißen Grill ca. 5 Min. braten. Wenden und auf der Brotseite goldbraun rösten. Mit je 1 Klecks Frischkäse und nach Belieben mit Petersilie garniert servieren.

gelingt leicht

Kartoffel-Hack-Spieße

8 runde festkochende Kartoffeln (je ca. 50 g)
2 kleine Zucchini (je ca. 150 g)
80 g durchwachsener Räucherspeck
½ kleiner Apfel
400 g gemischtes Hackfleisch
1 Eigelb | 3 EL Semmelbrösel
2–3 EL Röstzwiebeln (Fertigprodukt)
1 EL mittelscharfer Senf
Salz | Pfeffer | 1 TL Currypulver
8 lange Holz-/Metallspieße
4 EL Olivenöl | Öl zum Grillen

Für 4 Personen
40 Min. Zubereitung | 20 Min. Garen
Pro Portion ca. 690 kcal, 25 g EW, 50 g F, 25 g KH

1 Kartoffeln waschen und in Wasser ca. 20 Min. garen. Kalt abschrecken, pellen und abkühlen lassen. Inzwischen Zucchini putzen, waschen und in 16 Stücke schneiden. Speck quer in 16 Scheiben schneiden. Apfel schälen, entkernen und grob reiben, Apfelraspel etwas abtropfen lassen.

2 Den Grill anheizen. Holzspieße in kaltem Wasser ca. 15 Min. einweichen. Inzwischen Hack, Apfel, Eigelb, Semmelbrösel, Röstzwiebeln und Senf verkneten. Mit Salz, Pfeffer und Curry würzen und mit angefeuchteten Händen zu 16 Bällchen formen.

3 Auf die Spieße abwechselnd je 2 Hackbällchen, 1 Kartoffel, 2 Zucchini und 2 Speckscheiben stecken. Zutaten mit Öl bestreichen. Kartoffel-Hack-Spieße auf einer geölten Grillschale auf dem heißen Grill rundherum 15–20 Min. braten. Sofort servieren, nach Belieben mit Thymian garnieren.

amerikanischer BBQ-Klassiker

Hacksteaks mit Coleslaw

550 g Weißkohl | Salz | 1 Möhre
3 Frühlingszwiebeln | 2 Knoblauchzehen
70 g Salatcreme (Fertigprodukt)
70 g Crème fraîche mit Kräutern
1 TL Zucker | 2–3 EL Weißweinessig
Pfeffer | 3 EL gesalzene geröstete Erdnüsse
600 g Rinderhackfleisch
3 EL Gemüsemais (aus der Dose)
edelsüßes Paprikapulver
2–3 EL Öl | Öl zum Grillen

Für 4 Personen | 1 Std. Zubereitung
Pro Portion ca. 635 kcal, 40 g EW, 50 g F, 15 g KH

1 Kohl putzen und waschen, dicke Blattrippen entfernen. Kohl in feine Streifen schneiden oder hobeln. Mit 1 TL Salz verkneten und ca. 30 Min. ziehen lassen. Inzwischen Möhre schälen und raspeln. 1 Frühlingszwiebel putzen, waschen und in Streifen schneiden. Knoblauch schälen und durchpressen.

2 Hälfte des Knoblauchs, Salatcreme, 50 g Crème fraîche, Zucker und Essig verrühren. Mit Kohl, Möhre und Zwiebel mischen, mit Salz und Pfeffer würzen. Coleslaw zugedeckt ca. 30 Min. ziehen lassen.

3 Den Grill anheizen. Übrige Frühlingszwiebeln putzen, waschen, klein schneiden. Erdnüsse grob hacken. Mit Hack, 20 g Crème fraîche, Frühlingszwiebeln, restlichem Knoblauch und Mais verkneten. Mit Salz, Pfeffer und Paprika würzen. Hack mit angefeuchteten Händen zu 4 Steaks formen, mit Öl bestreichen. Auf einer geölten Grillschale auf dem heißen Grill unter Wenden 10–15 Min. braten. Coleslaw abschmecken und dazu servieren.

oben: Kartoffel-Hack-Spieße | unten: Hacksteaks mit Coleslaw

aus der Türkei

Lammhack-Kebab mit Joghurtsauce

Ein Geschmackserlebnis, das Urlaubsstimmung aufkommen lässt: Sonnengereifte Aprikosen, südländische Gewürze und würziges Lammfleisch duften auf dem Rost.

½ Bund glatte Petersilie
50 g getrocknete Softaprikosen
500 g Lamm- oder Rinderhackfleisch
2 EL Tomatenmark
1 TL Chiliflocken
½ TL gemahlener Kreuzkümmel
1 TL getrockneter Thymian
2 Knoblauchzehen
Salz | Pfeffer
3–4 EL Olivenöl
150 g Salatgurke
3–4 Stiele Dill
400 g griechischer Sahnejoghurt
8 lange Holz-/Metallspieße
Öl zum Grillen

Für 4 Personen | 45 Min. Zubereitung
Pro Portion ca. 570 kcal, 25 g EW, 45 g F, 10 g KH

1 Die Holzspieße in kaltem Wasser ca. 15 Min. einweichen. Inzwischen die Petersilie waschen, trocken schütteln und die Blätter fein hacken. Die Aprikosen in feine Würfel schneiden. Hackfleisch, Petersilie, Aprikosen, Tomatenmark, Chili, Kreuzkümmel und Thymian in eine Schüssel geben. 1 Knoblauchzehe schälen, dazupressen und alles verkneten. Mit Salz und Pfeffer würzen.

2 Den Grill anheizen. Die Hackmasse in 8 Portionen teilen. Mit angefeuchteten Händen um die Spieße herum zu langen, flachen Strängen formen. Die Kebab-Spieße rundherum mit Öl bestreichen. Auf dem heißen Grill auf einer geölten Grillschale unter Wenden 10–12 Min. braten.

3 Inzwischen die Gurke längs halbieren, entkernen und grob raspeln. Die Gurkenraspel mit Salz bestreuen und kurz ziehen lassen. Den Dill waschen und trocken schütteln, die Spitzen abzupfen und fein hacken. Mit Joghurt und abgetropften Gurkenraspeln verrühren, übrige Knoblauchzehe schälen und dazupressen. Die Joghurtsauce mit Salz und Pfeffer würzen, gut verrühren und zu den Kebab-Spießen servieren. Nach Belieben mit Thymianzweigen garnieren.

BEILAGEN-TIPP

Dazu schmeckt auch ein selbst gemachter Paprikasalat: 1 Zwiebel schälen, halbieren und in feine Streifen schneiden. 2 gelbe Paprikaschoten halbieren, weiße Trennwände und Kerne entfernen, die Hälften waschen und in feine Streifen schneiden. 1 Fleischtomate waschen und in Scheiben schneiden. 2 eingelegte milde Peperoni abtropfen lassen, Stiele entfernen, Schoten in dünne Ringe schneiden. Mit Zwiebel, Tomaten und Paprika mischen. 4 EL Weißweinessig mit Salz, Pfeffer und 1 TL Zucker zu einem Dressing verrühren. 4 EL Olivenöl unterschlagen und mit den Salatzutaten mischen.

2.5ml 1/2tsp

raffiniert kombiniert

Gefüllte Spitzpaprika

2 EL Pinienkerne
8 hellgrüne Spitzpaprikaschoten (je ca. 65 g)
1 Zwiebel | 2 Knoblauchzehen
3 Stiele frischer Oregano
2 Scheiben Toastbrot | 100 g Schafskäse (Feta)
350 g gemischtes Hackfleisch
1 EL Ajvar (scharfe Paprikapaste)
Salz | Pfeffer | 1 Prise Zimtpulver
8 Holzspießchen
4 EL Olivenöl | Öl zum Grillen

Für 4 Personen
25 Min. Zubereitung | 25 Min. Garen
Pro Portion ca. 485 kcal, 25 g EW, 40 g F, 10 g KH

1 Pinienkerne in einer Pfanne ohne Fett rösten, herausnehmen und abkühlen lassen. Von den Paprikaschoten am Stielansatz je einen Deckel abschneiden. Trennwände und Kerne herauslösen, Schoten waschen und trocken tupfen. Zwiebel und Knoblauch schälen und fein würfeln. Oregano waschen, trocken schütteln, die Blätter fein hacken.

2 Den Grill anheizen. Spießchen in Wasser 15 Min. einweichen. Toast entrinden, in Wasser einweichen. Käse zerkrümeln, mit Hack, ausgedrücktem Toast, Pinienkernen, Zwiebel, Knoblauch, Oregano und Ajvar verkneten. Mit Salz, Pfeffer und Zimt würzen.

3 Paprikaschoten mit Hackmasse füllen. Nicht zu viel Füllung hineingeben, sonst quillt sie beim Grillen heraus. Paprikadeckel mit Holzspießchen feststecken. Paprika rundherum mit Öl bestreichen. Auf einer geölten Grillschale auf dem heißen Grill unter Wenden 20–25 Min. braten. Sofort servieren.

gut vorzubereiten

Quesadillas

1 Knoblauchzehe
250 g Schweinehackfleisch
1 EL Olivenöl | Salz | Pfeffer
2 Frühlingszwiebeln
80 g eingelegte, gegrillte rote Paprikaschoten (aus dem Glas)
150 g Cheddar (am Stück) | 1 EL Crème fraîche
edelsüßes Paprikapulver
1 Kugel Mozzarella (125 g)
6 Weizen-Tortilla-Wraps (Fertigprodukt, ca. 18 cm Ø) | evtl. Holzspießchen

Für 4 Personen
20 Min. Zubereitung | 10 Min. Garen
Pro Portion ca. 645 kcal, 35 g EW, 35 g F, 45 g KH

1 Knoblauch schälen, fein würfeln und mit dem Hack verkneten. Im heißen Öl bei starker Hitze unter Rühren krümelig braten. Mit Salz und Pfeffer würzen, herausnehmen und abkühlen lassen.

2 Den Grill anheizen. Frühlingszwiebeln putzen, waschen und in feine Ringe schneiden. Paprika abtropfen lassen und würfeln. Cheddar reiben, mit Crème fraîche, Frühlingszwiebeln und Paprikawürfeln mischen. Mit Salz, Pfeffer und Paprikapulver würzen. Mozzarella in dünne Scheiben schneiden.

3 Wraps je zur Hälfte mit der Käsemischung belegen, Hack darüber verteilen, Mozzarella daraufgeben. Zusammenklappen, andrücken und evtl. mit Holzspießen feststecken. Pro Seite auf dem heißen Grill am Rand des Grillrosts 2–3 Min. braten, bis der Käse geschmolzen ist. Zum Servieren nach Belieben in Stücke schneiden.

oben: Gefüllte Spitzpaprika | unten: Quesadillas

Zum Gebrauch

Damit Sie Rezepte mit bestimmten Zutaten noch schneller finden können, stehen in diesem Register zusätzlich auch beliebte Zutaten wie **Mett** oder **Rinderhackfleisch** – ebenfalls alphabetisch geordnet und hervorgehoben – über den entsprechenden Rezepten.

DIE GU-QUALITÄTS-GARANTIE

Liebe Leserin, lieber Leser,
wir möchten Ihnen mit den Informationen und Anregungen in diesem Buch das Leben erleichtern und Sie inspirieren, Neues auszuprobieren. Alle Informationen werden von unseren Autoren gewissenhaft erstellt und von unseren Redakteuren sorgfältig ausgewählt und mehrfach geprüft. Deshalb bieten wir Ihnen eine 100 %ige Qualitätsgarantie. Sollten wir mit diesem Buch Ihre Erwartungen nicht erfüllen, lassen Sie es uns bitte wissen. Sie erhalten von uns kostenlos einen Ratgeber zum gleichen oder ähnlichen Thema. Wir freuen uns auf Ihre Rückmeldung, auf Lob, Kritik und Anregungen, damit wir für Sie immer besser werden können.

GRÄFE UND UNZER Verlag
Leserservice
Postfach 86 03 13
81630 München
E-Mail:
leserservice@graefe-und-unzer.de

Telefon: 00800 / 72 37 33 33*
Telefax: 00800 / 50 12 05 44*
Mo–Do: 8.00–18.00 Uhr
Fr: 8.00–16.00 Uhr
(gebührenfrei in D, A, CH)*

Ihr GRÄFE UND UNZER Verlag
Der erste Ratgeberverlag – seit 1722.

Projektleitung: Kathrin Ullerich
Lektorat: Kathrin Gritschneder
Korrektorat: Petra Bachmann
Layout, Typografie und Umschlaggestaltung: independent Medien-Design, Horst Moser, München
Satz: Liebl Satz+Grafik, Emmering
Herstellung: Sigrid Frank
Reproduktion: Repro Ludwig, Zell am See
Druck und Bindung: Schreckhase, Spangenberg
Syndication: www.jalag-syndication.de

Printed in Germany

ISBN 978-3-8338-2887-4

3. Auflage 2014

Umwelthinweis
Dieses Buch ist auf PEFC-zertifiziertem Papier aus nachhaltiger Waldwirtschaft gedruckt.

GRÄFE UND UNZER
Ein Unternehmen der
GANSKE VERLAGSGRUPPE

Der Autor

Marco Seifried ist gelernter Koch und Diplom-Ökotrophologe. Er war lange für einen großen Hamburger Verlag als Food-Redakteur tätig und arbeitet heute als freier Food-Journalist. Für diesen KüchenRatgeber begeisterte er seine Familie und Freunde mit neuen und bewährten Hackfleischideen.

Der Fotograf

Wolfgang Schardt kann seine Liebe für Essen und Trinken beruflich ausleben: In seinem Studio in Hamburg fotografiert er vor allem Food, Stills und Interieur für Magazine wie FEINSCHMECKER, für Verlage und Werbung. Tatkräftig unterstützt wurde er von Roland Geiselmann (Foodstyling) und Janet Hesse (Fotoassistenz).

Bildnachweis

Titelfoto: EISING STUDIO · Food Photo & Video/Martina Görlach;
alle anderen: Wolfgang Schardt, Hamburg

Titelbildrezept

Lammhack-Kebap mit Joghurtsauce (Seite 56)

www.facebook.com/gu.verlag

Die Temperaturangaben bei Gasherden variieren von Hersteller zu Hersteller. Welche Stufe Ihres Herdes der jeweils angegebenen Temperatur entspricht, entnehmen Sie bitte der Gebrauchsanweisung. Bei Elektroherden können die Backzeiten je nach Herd variieren.

LEICHTER DURCHS LEBEN
DEIN DIGITALER COACH
FÜR MEHR BALANCE
GU BALANCE
www.gu-balance.de
JETZT 10 TAGE
KOSTENLOS TESTEN
www.gu-balance.de
BESSER ESSEN
MIT SPASS BEWEGEN
ENDLICH ENTSPANNT
FÜR:

Hack-Häppchen zum Aperitif

Von der Hand in den Mund: Diese leckeren Snacks brauchen kein Besteck und sind perfekt für Ihre nächste Party.

Mini-Hackmuffins (12 Stück) Ofen auf 200° vorheizen. 1 Zwiebel schälen, fein würfeln. 2 Scheiben Toast entrinden und in Wasser einweichen. 250 g gemischtes Hack, ausgedrücktes Brot, Zwiebel, 1 Eigelb, Salz, Pfeffer und edelsüßes Paprikapulver verkneten. 12 Bällchen formen, je 1 Perlzwiebel (aus dem Glas) einarbeiten und in die gefetteten Mulden eines Mini-Muffinblechs setzen. Im Ofen (Umluft 180°) ca. 20 Min. backen. 5 Min. vor Backzeitende mit 60 g frisch geriebenem Gouda bestreuen.

Gefüllte Champignons (12 Stück) Ofen auf 180° vorheizen. 12 Champignons (je ca. 50 g) putzen. Stiele herausdrehen, hacken. 1 Schalotte schälen, würfeln. Beides in 1 EL Butter dünsten, mit 200 g gemischtem Hack, 25 g Kräuterfrischkäse, 1 Eigelb, 2 EL Semmelbröseln und 1 EL Provence-Kräutern verkneten. Salzen und pfeffern, in den Pilzen verteilen. 80 g Brie (12 Scheiben) darauflegen. Im Ofen (Umluft 160 °) in einer gefetteten Form ca. 20 Min. garen.

Dreierlei Mettbällchen (12 Stück) Je 2 EL weißen und schwarzen Sesam in einer Pfanne ohne Fett rösten, abkühlen lassen. 1 Bund Schnittlauch waschen, trocken schütteln, in feine Röllchen schneiden. 2 EL edelsüßes Paprikapulver mit 2 EL buntem Pfeffermix mischen. 1 kleine rote Zwiebel schälen, fein würfeln. Mit 300 g Mett verkneten. Hackmasse mit angefeuchteten Händen zu 12 Bällchen formen. Je 4 Bällchen in Sesam, Schnittlauch und Pfeffermix wenden und sofort servieren.